천연 재료로 간편하게, 신선하게,
사계절 건강 음료 레시피

Green Home Cafe Recipe

천연 재료로 간편하게, 신선하게,
사계절 건강 음료 레시피

Green Home Cafe Recipe

그린 홈카페 레시피

Green Melrose 박진영 글 / 사진

목 차

Part 1. 굿모닝, 그린

아침을 깨우는 과일 채소 천연 건강음료
하루를 상쾌하게 시작하는 간편 모닝 레시피

Part 2. 싱그러운 그린 디톡스

푸른 채소와 과일로 즐기는 무첨가 클렌즈 주스와 스무디
몸속 깊이 자연을 채우는 시간

Part 3. 컬러 푸드의 향연

다양한 색의 채소와 과일로 만드는 항산화 건강 음료
다채로운 색감과 풍부한 영양소를 함께 즐긴다

Part 4. 곡물과 콩으로 채우는 한 잔

곡류, 콩, 뿌리채소로 만든 든든한 무첨가 건강 음료
부드럽고 담백한 영양 만점 한 끼 레시피

Part 5. 오후 3시의 티 타임

힐링과 회복을 위한 허브티와 블렌딩티
몸과 마음을 동시에 돌보는 따뜻한 휴식

Part 6. 냠냠 건강 스낵

자연식으로 즐기는 건강한 홈메이드 간식
식사보다 간편하게, 디저트보다 가볍게!

저자의 말

《그린 홈카페 레시피》는 제철 재료, 자연의 재료로 집에서 간편하게 만드는 건강 음료 책입니다. 건강은 특별한 행위가 아니라 매일의 습관이라는 믿음으로 누구나 쉽게 실천할 수 있는 건강하고 아름다운 식생활을 소개합니다. 잃어버린 식습관을 되찾고 몸의 균형을 바로잡는 데 도움이 될 건강식을 모았습니다. 가공식품과 첨가물이 익숙해진 현대의 식생활 속에서 재료 본연의 색과 향을 그대로 살린 주스와 스무디를 통해 '자연을 마시는 시간'을 선물하고자 합니다.

자연의 색에는 치유의 힘이 있습니다. 토마토의 붉은색, 당근의 주황, 브로콜리의 초록은 모두 식물이 스스로를 지키기 위해 만든 생명의 색입니다. 과일과 채소, 곡물, 콩 등 식물 속에 깃든 그 '파이토케미컬(Phytochemical)'의 힘을 일상 속으로 옮겨와 몸과 마음의 균형을 회복하는 방법을 제안합니다. 파이토케미컬은 우리의 몸에 생기와 면역성까지 더합니다. 이 책은 그 색을 마시고 자연의 리듬을 따라가는 여정을 담았습니다.

한 잔의 주스, 한 컵의 스무디 속에서 영양과 건강한 습관이 쌓입니다.
무첨가·무방부제의 천연 재료로 만든 주스와 스무디, 콩과 곡물 등 자연 식재료를 활용한 간단한 레시피를 통해 자연이 가진 색과 맛 그리고 생명력을 담아, 재료 본연의 맛과 색을 온전히 느낄 수 있습니다. 바쁜 일상에서도 채소와 과일을 쉽고 맛있게 섭취할 수 있는 방법을 제안해 하루 권장량(약 560g)만큼 부담 없이 즐길 수 있도록 돕습니다.

자연의 재료로 만든 한 잔의 주스가 일상의 균형을 되찾아줄 것입니다.
한 잔의 주스, 한 컵의 스무디가 오늘의 나를 돌보는 작고 확실한 쉼이 되길 바랍니다.
몸과 마음이 지친 날, 복잡한 세상에서 잠시 벗어나 내 몸과 내면에 집중하는 시간.
《그린 홈카페 레시피》는 그 순간을 위한 작은 제안을 모은 책입니다.

건강은 거창한 목표가 아니라 매일의 선택에서 비롯됩니다.
과하게 꾸미지 않은 재료, 자연 그대로의 맛을 담은 주스 한 잔이
하루를 조금 더 맑고 단단하게 만들어주길 바랍니다.

_ 그린멜로즈 박진영

채소와 과일, 날것의 효소가 주는 힘

효소(Enzyme)는 인체의 모든 생명 활동을 가능하게 하는 핵심 물질입니다.
음식의 소화와 흡수, 신경 전달, 세포 재생, 심지어 뇌의 작용까지, 모든 생리 과정은 효소의 도움으로 이루어집니다.
효소가 없으면 우리 몸은 어떤 물질도 분해하거나 합성할 수 없습니다.

효소는 모든 자연 식재료, 특히 신선한 채소와 과일 속에 풍부하게 들어 있습니다.
익혀서 먹을 때 더 영양이 살아나는 채소도 있지만, 날것으로 섭취할 때만 얻을 수 있는 '살아 있는 효소' 역시 건강에 매우 중요합니다.

이 효소들은 음식의 소화를 돕고 체내의 노폐물 배출을 촉진하며
몸의 대사와 해독 작용을 원활하게 합니다.

따라서 매일 한 잔의 생채소·과일 스무디는
우리 몸에 자연의 효소를 그대로 전달해주는 가장 간단한 방법입니다.
그 한 잔이 몸을 깨우고 피로를 덜어주며, 건강한 순환의 리듬을 되찾게 합니다.

파이토케미컬
(Phytochemical)
이란?

* 다양한 색의 식품을 함께 섭취할수록 폭넓은 파이토케미컬을 얻을 수 있다.

* 껍질째 먹는 것이 좋고 과도한 가열은 유효 성분을 파괴할 수 있다.

* 인체는 파이토케미컬을 스스로 만들 수 없으므로 '색을 먹는 식사'가 건강을 만든다.

파이토케미컬은 식물에 함유된 비영양성 화합물로, 인체의 건강을 증진하는 다양한 생리활성을 지닌 물질을 뜻합니다. 그리스어 '식물(Phyto)'과 '화학물질(Chemical)'의 합성어로 '식물만이 지닌 고유한 화학 성분'이라는 뜻입니다.

파이토케미컬은 식물의 색, 향, 맛을 결정하는 성분으로, 식물이 자외선, 곤충, 세균, 바이러스 등 외부 자극으로부터 자신을 보호하기 위해 만들어낸 자연의 방어 물질입니다. 주로 과일과 채소의 껍질에 다량 존재하며 우리 몸속에서는 강력한 항산화제로 작용해 암, 심혈관 질환, 염증, 노화 등을 예방하는 데 도움을 줍니다. 또한 면역 기능을 강화하고 해독 작용을 촉진해 자연 치유력을 높이는 역할을 합니다.

파이토케미컬은 탄수화물, 단백질, 지방, 비타민, 무기질에 이은 '제7의 영양소'로 주목받으며 현재까지 약 700여 종이 밝혀졌지만 전체의 일부에 불과합니다. 앞으로 더 많은 종류와 기능이 연구되리라 기대됩니다.

대표적인 파이토케미컬

* 카로티노이드 (당근, 토마토, 오렌지 등)

* 플라보노이드 (녹차의 카테킨, 포도의 안토시아닌 등)

* 이소플라본 (콩류)

* 사포닌, 알릴화합물, 페놀화합물

세계보건기구(WHO)는 이러한 식물영양소를 충분히 섭취하기 위해 '5색 식단(5 a Day)' 운동을 권장하고 있습니다. 빨강, 노랑, 초록, 검정, 하양의 다섯 가지 색을 골고루 섭취함으로써 다양한 파이토케미컬을 고르게 얻을 수 있습니다.

결국 파이토케미컬은 단순한 식물 색소가 아니라 자연이 만든 건강의 언어라 할 수 있습니다. 식물의 생명력을 온전히 받아들이는 가장 간단한 방법은 가능한 한 자연 그대로의 형태로, 껍질째, 잎째, 줄기째 섭취하는 것입니다.

색상별 파이토케미컬 주요 효능

색상	주요 파이토케미컬	대표 식품	주요 효능
빨강 (Red)	리코펜, 안토시아닌	토마토, 딸기, 자두, 수박, 석류	강력한 항산화 작용으로 세포 손상 억제, 암 예방, 심혈관 건강 개선
주황·노랑 (Orange·Yellow)	카로티노이드, 베타카로틴, 플라보노이드	당근, 호박, 오렌지, 감, 고구마	면역력 강화, 시력 보호, 노화 방지
초록 (Green)	클로로필, 루테인, 이소플라본	브로콜리, 시금치, 청경채, 케일, 콩류	해독 작용, 간 기능 강화, 호르몬 균형 유지
보라·남색 (Purple·Blue)	안토시아닌, 레스베라트롤	블루베리, 포도, 가지, 자색양배추	혈액순환 개선, 기억력 향상, 항염 및 노화 억제
하양 (White)	알리신, 사포닌, 플라보노이드	마늘, 양파, 무, 배, 버섯	면역력 강화, 항균 및 해독 작용, 혈압·혈당 조절

홈카페를 위한 기본 도구

건강에 대한 관심이 높아지면서 가정에서도 **블렌더나 착즙기를 활용**해 간편하게 건강 음료를 즐기는 인구가 늘었습니다.

고속 블렌더와 착즙기만 있어도 다양한 과일과 채소의 풍부한 맛과 영양을 손쉽게 섭취할 수 있습니다. **가열 기능이 있는 블렌더**나 **두유·해독 주스 제조기**를 더하면 활용 범위가 더욱 넓어집니다.

가열초고속블렌더(로닉), 초고속블렌더(바이타믹스), 휴롬착즙기, 노비스착즙기

• 고속 블렌더
강력한 모터와 날카로운 칼날로 과일, 채소, 곡물 등을 짧은 시간에 곱게 갈 수 있습니다.
영양소 파괴를 최소화해 소화 흡수율을 높이고 부드러운 식감을 만들어줍니다.

• 가열 블렌더
가열 기능이 탑재된 블렌더로, 콩이나 뿌리채소, 고구마 등을 한 번에 삶고 갈 수 있습니다.
해독주스, 스무디, 두유, 스프 등을 간편하게 조리할 수 있습니다.

• 착즙기
채소와 과일의 효소와 영양소를 그대로 살려, 건더기 없이 깔끔한 주스를 만들 수 있습니다.
재료 본연의 맛과 향을 즐기기에 적합합니다.

• 밀폐 유리용기
스무디나 주스를 2~3일치 분량으로 미리 만들어 냉장 보관할 때 사용합니다.
유리 밀폐 용기에 담으면 신선도와 맛을 오래 유지할 수 있습니다.

· 스퀴저(Squeezer)

레몬, 라임, 오렌지, 자몽 등 시트러스 과일의 즙을 소량 짜낼 때 유용합니다.

드레싱이나 주스에 간편하게 활용할 수 있습니다.

· 계량 도구

스테인리스나 유리 재질을 사용하면 위생적이며 정확한 계량이 가능합니다.

계량스푼: 1T = 15ml / 1t = 5ml

계량컵: 1컵 = 200ml 기준.

제철 재료 소개

스무디나 주스는 재료의 껍질째 섭취하는 경우가 많기 때문에 가능한 한 유기농 또는 무농약 재료를 사용하는 것이 좋습니다. 그렇지 않을 경우에는 전용 과일·채소 세정제를 사용해 잔류 농약을 꼼꼼히 씻어낸 뒤 활용하세요.

제철 재료는 영양소가 풍부하고 맛이 진하며, 자연의 리듬에 맞는 건강한 식습관을 돕습니다. 아래의 재료들은 계절과 취향에 따라 자유롭게 조합해 즐길 수 있습니다.

• 그린 채소
케일, 샐러리, 시금치, 로메인, 오이, 양상추, 청상추, 브로콜리 등.
엽록소와 섬유질이 풍부해 해독 작용과 면역력 강화에 도움을 줍니다.

• 허브
민트, 바질, 로즈마리, 세이지 등.
향과 풍미를 더해주며, 소화를 돕고 피로를 완화합니다.

• 구황작물
고구마, 감자, 옥수수 등.
식이섬유와 천연 단맛이 풍부해 포만감을 주고 에너지를 보충해줍니다.

• 콩과 곡물
검은콩, 병아리콩, 렌틸콩, 팥 등.
식물성 단백질과 미네랄을 공급해 스무디의 영양 밸런스를 높입니다.

• 컬러 채소

당근, 비트, 토마토, 파프리카, 적양배추, 버터헤드레터스 등.
색소 성분인 파이토케미컬이 풍부해 항산화 효과가 뛰어납니다.

• 과일

사과, 파인애플, 오렌지, 망고, 바나나, 아보카도, 딸기, 각종 베리, 자몽 등.
비타민과 천연 당분이 풍부해 채소의 쌉싸름한 맛을 부드럽게 중화합니다.

• 두부·연두부

부드러운 질감과 단백질을 더해 한 끼 대용 스무디로 활용하기 좋습니다.

• 천연 파우더

말차, 코코아, 쑥 파우더 등 (무첨가 제품 권장)
색과 향, 영양을 더해 음료에 깊이를 부여합니다.

Tip!

생채소는 효소를 그대로 섭취할 수 있어 가장 신선한 형태입니다.
하지만 생채소가 부담스럽거나 소화가 더디다면, 찜기에 살짝 찌거나 데친 채소를 사용해도
좋습니다. 과일의 달콤함과 채소의 쌉싸름한 맛이 어우러지면 꾸준히, 질리지 않게 즐길 수 있
습니다.

부스터 재료

스무디나 주스에 부스터(Booster) 재료를 더하면 맛의 균형을 맞추는 동시에 영양 밀도를 한층 높일 수 있습니다. 이들은 식이섬유, 단백질, 비타민, 미네랄, 항산화 물질이 풍부해 보다 질 높은 한 잔을 완성해줍니다.

• 씨앗류
치아시드: 풍부한 식이섬유로 포만감을 주며, 칼슘과 오메가3가 혈당과 혈액 순환을 돕습니다.
햄프시드: 단백질, 오메가3·9, 필수 아미노산이 풍부하고 항산화 성분이 함유되어 있습니다.
아마시드: 오메가3 지방산과 식이섬유, 식물성 에스트로겐이 풍부해 항암 효과와 호르몬 균형 유지에 도움을 줍니다.

• 슈퍼푸드 파우더
단백질 파우더: 식사로 부족한 단백질을 보충해줍니다. 당류나 첨가물이 없는 제품을 선택하세요.
아사이베리: 안토시아닌과 식이섬유가 풍부해 항산화·항염 효과가 있습니다.
스피룰리나: 청록색 해조류로, 단백질 함량이 60% 이상이며 칼슘, 미네랄, 비타민이 풍부합니다.
카카오닙스: 폴리페놀 성분이 풍부해 혈당 조절과 콜레스테롤 개선에 도움을 줍니다.
시나몬 파우더: 향긋한 풍미를 더하고 소화 촉진, 면역 강화, 항균 작용에 효과적입니다.
바닐라빈: 부드러운 향으로 스무디의 풍미를 높이며 스트레스 완화, 소화 기능 개선을 돕습니다.

• 견과류와 건강한 지방
견과류: 단백질, 불포화 지방산, 미네랄, 비타민이 풍부한 에너지 식품입니다.
아몬드 버터: 좋은 지방과 단백질이 풍성하며, 에너지 공급에 좋습니다.
땅콩버터: 불포화 지방산과 단백질이 풍부해 포만감과 영양을 더합니다.
올리브오일: 오메가3·6 지방산과 비타민, 미네랄이 함유된 건강한 지방입니다.

건강한 지방을 스무디에 더하면 포만감이 높아지고 영양 균형이 완성됩니다.

• 오트밀
롤드 오트: 입자가 굵고 가공이 적어 식감이 좋고 영양 손실이 적습니다.
퀵 오트: 입자가 고운 오트밀로, 부드러운 식감과 빠른 조리 시간이 장점입니다.

• 기타 부스터
평소 섭취 중인 비타민제나 콜라겐 파우더 등을 함께 블렌딩해
맞춤형 영양 스무디로 즐겨도 좋습니다.

Tip!
아무리 좋은 식품이라도 과하면 오히려 호르몬 균형을 해칠 수 있습니다.
자신의 체질과 상태에 맞게 적정량을 섭취하며 꾸준히 실천하는 것이 중요합니다.

스무디와 주스의 맛과 질감을 좌우하는 중요한 요소는 액체 베이스입니다.

각 액체는 영양 구성과 맛의 성격이 달라, 원하는 효과와 취향에 따라 선택할 수 있습니다.

모든 재료는 무첨가·무당 제품을 사용하는 것이 가장 좋습니다.

· 코코넛 밀크

열대 지방의 야자나무 열매 과육에서 추출한 진액입니다.

MCT(중간사슬지방산)이 풍부해 소화가 잘되고 신진대사를 촉진합니다.

비타민과 미네랄이 풍부하며 포만감을 주어 체중 조절에도 도움이 됩니다.

유당이 없어 소화가 편하지만, 칼로리가 높으므로 섭취량에 주의해야 합니다.

· 코코넛 워터

코코넛 열매 안의 맑은 액체로, 천연 수분 보충 음료입니다.

칼로리가 낮고 달콤한 고소한 맛을 지니며, 미네랄·칼륨·비타민이 풍부합니다.

노폐물 배출과 전해질 균형 유지에 도움을 줍니다.

· 아몬드 밀크

대표적인 식물성 넛밀크로, 유당이 없어 소화가 편안합니다.

단백질과 칼슘, 불포화 지방산, 비타민 E가 풍부하며 열량이 낮아

다이어트 식품으로도 적합합니다.

· 오트 밀크

통귀리로 만든 식물성 우유로, 비타민 B군·철분·칼슘·식이섬유가 풍부합니다.

고소하고 부드러운 맛이 특징이며, 아몬드 밀크가 맞지 않는 분에게도 잘 어울립니다.

· 무첨가 두유

풍부한 식물성 단백질과 비타민, 미네랄을 함유한 액체 베이스입니다.

당류나 첨가물이 없는 제품을 선택하면 더욱 건강하게 즐길 수 있습니다.

· 그릭요거트

단백질과 칼슘 함량이 높고, 유산균이 풍부해 장 건강과 소화 흡수에 도움을 줍니다.

포만감이 높아 식사 대용으로 좋으며, 유청이 제거되어 유당불내증이 있는 사람도 섭취 가능합니다.

Tip!

스무디나 주스용 액체를 선택할 때는 제품 성분표를 꼼꼼히 확인하세요.

당류, 향료, 안정제 등이 첨가되지 않은 순수한 제품이 가장 좋습니다.

당류 소개

스무디와 주스는 재료 본연의 맛으로 즐기는 것이 가장 이상적이지만, 아무리 건강한 식품이라도 맛이 없으면 꾸준히 섭취하기 어렵습니다. 당을 적절히 더하면 맛과 풍미가 살아나고, 꾸준히 즐기기 쉬워집니다.

정제 설탕이나 과당 시럽 대신, 자연에서 온 대체당을 활용하면 건강을 지키면서도 맛있는 한 잔을 완성할 수 있습니다. 취향에 따라 당도를 조절하며 즐겨보세요.

• 알룰로스(Allulose)

무화과와 포도 등에서 발견되는 천연당으로, 몸에 흡수되지 않고 대부분 배출됩니다.

최근 주목받는 저칼로리 감미료로 설탕과 유사한 단맛을 내며 부담이 적습니다.

• 아가베 시럽(Agave Syrup)

멕시코 원산의 아가베 식물에서 추출한 즙으로 만든 천연 감미료입니다.

혈당지수(GI)가 낮아 설탕보다 체내 흡수가 느리고,

이눌린 성분이 장내 유익균을 늘려 장 건강에도 도움을 줍니다.

• 메이플 시럽(Maple Syrup)

단풍나무 수액을 졸여 만든 시럽으로,

당도는 높지만 미네랄과 항산화 성분이 풍부해 영양적인 이점이 있습니다.

은은한 단풍 향이 스무디에 깊은 풍미를 더해 줍니다.

• 대추야자(Date)

중동과 지중해 지역에서 재배되는 달콤한 열매로,

식이섬유가 풍부하고 영양가가 높아 설탕 대체용으로 많이 사용됩니다.

베이킹이나 스무디에 자연스러운 단맛을 더합니다.

• 천연 꿀(Honey)

정제되지 않은 천연 꿀에는 항균·항염 작용과 면역 강화 효과가 있습니다.

감기 예방, 소화 기능 개선, 피부 건강에도 도움을 줍니다.

Tip!

자주 사용하는 아가베 시럽, 알룰로스, 메이플 시럽 등의 통에

바닐라빈 1개를 반으로 갈라 씨와 껍질을 함께 넣어 숙성해보세요.

시간이 지나면 향긋한 바닐라 향이 더해져 스무디나 주스의 풍미가 훨씬 깊어집니다.

스무디란?

스무디는 채소와 과일, 그 밖의 재료를 액체와 함께 블렌더에 곱게 간 음료입니다.
재료 본연의 영양소와 섬유질이 그대로 남아 있어, 장의 노폐물을 배출하고 소화를 돕는 동시에
포만감을 줍니다. 따라서 식사 대용이나 간식으로 즐기기에도 부담이 없습니다.

스무디 한 잔에는 과일과 채소의 비타민, 미네랄, 파이토케미컬, 엽록소가 고스란히 담겨 있습니다.
이 영양소들은 체내 흡수율이 높고 소화에도 무리가 없어 몸을 정화하고 균형을 되찾는 데 도움을 줍니다.

• 스무디 기본 구성

채소 + 과일 + 지방 + 부스터 + 당류 + 액체류 (+ 선택 재료)

• 채소와 과일의 비율

잎채소를 기본으로, 단맛이 나는 과일과 신맛 과일(레몬즙
등)을 함께 넣으면 좋습니다.
처음에는 과일의 비중을 높여 맛있게 즐기다가,
익숙해지면 점차 채소의 비율을 늘려 보세요.

• 소화가 약한 경우

생채소가 부담스럽다면, 찜기에 살짝 찌거나 데쳐 사용하세요.
효소와 영양은 유지하면서도 소화가 훨씬 편해집니다.

• 섭취 방법

스무디는 빠르게 마시기보다 천천히 씹는다는 느낌으로 즐
기세요. 포만감이 오래가고, 소화 흡수에도 도움이 됩니다.

• 내 몸에 맞는 재료 선택

특정 재료가 맞지 않는다면 비슷한 성질의 다른 채소나 과일
로 대체하세요.
내 몸의 상태에 맞는 스무디가 가장 좋은 스무디입니다.

다양함이 곧 건강! 한 가지 재료에 치우치지 말고,
제철 채소와 과일을 다양하게 섞어 드세요.
자연의 색과 맛이 어우러질 때 영양도 풍성해집니다.

음료 기본 레시피

이 책의 레시피는 2~3인분 기준으로 구성되었습니다.

취향에 따라 양과 재료를 조절해 즐기세요.

• 재료 준비

채소와 과일은 한입 크기로 썰거나, 착즙하기 좋은 크기로 슬라이스합니다.

블렌더에 넣는 순서는 수분이 많은 과일 → 채소 순서가 좋습니다.

(예: 파인애플 → 사과 → 시금치 → 케일)

냉동 재료를 사용할 경우, 껍질과 씨를 미리 제거해 보관하면 편리합니다.

• 아보카도 손질법

아보카도는 충분히 후숙한 것을 사용하세요.

씨를 중심으로 칼집을 한 바퀴 돌린 뒤, 양쪽을 비틀어 반으로 나눕니다.

씨를 제거하고, 수저로 과육만 파내어 사용합니다.

냉동 아보카도를 사용해도 부드럽고 고소한 질감을 즐길 수 있습니다.

• 시트러스 과일 손질 (레몬, 라임, 오렌지, 자몽 등)

양 끝을 잘라낸 뒤 세워서 껍질과 흰 속껍질을 칼로 제거합니다.

씨는 쓴맛을 내므로 반드시 제거하고 사용합니다.

· 블렌딩 팁

스무디를 시원하게 즐기려면 얼음이나 냉동 바나나, 냉동 파인애플, 냉동 베리를 함께 갈아보세요. 농도 조절은 액체의 양으로, 단맛 조절은 자연 감미료(아가베, 알룰로스 등)로 조절합니다.

깔끔한 맛을 원한다면 코코넛 워터나 물, 부드럽고 크리미한 질감을 원한다면 식물성 밀크(아몬드·오트·두유 등)를 사용하세요.

· 보관법

수제 스무디에는 첨가물이 없기 때문에, 냉장 보관 시 2~3일 이내에 섭취하는 것이 가장 좋습니다.

· 즐기는 법

채소와 과일은 다양하게 바꿔가며 조합해보세요.

점차 과일보다 채소의 비율을 늘려 나가면 더욱 건강한 식습관으로 이어집니다. 액체류와 당류는 자신의 취향과 체질에 맞게 선택해 사용하세요.

수제 주스, 천연 주스를
더 맛있게 즐기는 방법

스무디와 주스는 채소와 과일 그리고 기타 재료를 액체와 함께 블렌더에 곱게 갈아 만든 음료입니다.
재료 본연의 영양소와 섬유질이 그대로 남아 있어, 장의 노폐물을 제거하고 천천히 흡수되며
포만감을 줍니다. 덕분에 식사 대용이나 간식으로 즐기기에 부담이 없고
풍부한 비타민·미네랄·파이토케미컬·엽록소를 자연 그대로 섭취할 수 있습니다.

스무디는 단순한 음료가 아니라 몸을 정화하고 소화 체계를 조절하는 작은 리추얼입니다.
영양소의 흡수율이 높아지고, 몸이 가볍게 깨어나는 느낌을 경험할 수 있습니다.

채소와 과일에는 우리 몸을 지켜주는 풍부한 항산화 물질이 들어 있습니다.
매일 한 잔의 천연 주스를 즐기는 일은 자연의 힘으로 스스로를 돌보는 가장 간단하고 아름다운 습관입니다.

채소의 비율이 높을수록 좋지만 아무리 건강한 재료라도 맛이 없으면 오래 지속하기 어렵습니다.
처음에는 쌉싸름한 채소 맛을 부드럽게 감싸주는 과일을 함께 넣어보세요.
입맛이 점차 익숙해지면 어느 순간, 채소 본연의 맛이 더 반가워지는 날이 찾아올 것입니다.
스무디의 가장 큰 매력은 자유로움입니다.
그날의 기분과 몸의 상태에 따라 필요한 영양을 스스로 조합해 마실 수 있는 유연한 시간!
바로 수제 주스를 만들어 먹는 기쁨입니다.

이 책에는 채소와 과일뿐 아니라 곡류와 구황작물까지 맛있고 편안하게 즐길 수 있는
다양한 레시피를 담았습니다.
자연의 리듬에 따라 계절마다 다른 색과 향을 즐겨보세요.
봄의 싱그러움, 여름의 청량함, 가을의 풍성함, 겨울의 따스함이 한 잔의 스무디 속에
살아 있습니다.

Part 1.

∞

굿모닝, 그린

아침을 깨우는 과일 채소 천연 건강음료
하루를 상쾌하게 시작하는 간편하고 영양 가득한 모닝 레시피한 잔의 녹색이 오늘을 맑게 합니다.
자연의 색으로 여는 하루의 시작!
신선한 채소와 과일이 가득한 한 잔이 몸과 마음을 깨웁니다.

01

비트 클렌즈 해독 주스

Ingredients

토마토 2개
브로콜리 1cup
당근 1cup
양배추 1cup
올리브오일 1T
사과 1개
바나나, 블루베리 등
물 2cup

면역력을 높이고 몸속 독소를 배출하는 대표적인 해독 주스.
비트, 토마토, 당근 등 붉은빛 채소와 과일의 항산화 성분이 활성산소를 제거하고 신진대사를 촉진한다. 식이섬유가 풍부해 장운동을 돕고 유해물질과 숙변을 배출하며, 꾸준히 마시면 피부가 맑아지고 속이 편안해진다.
익힌 채소를 사용해 흡수율이 높고 위에 부담이 적어 체중 관리와 혈액순환 개선에도 효과적이다. 피를 맑게 하고 노폐물을 배출해 몸을 정화시키며, 자연스러운 에너지를 회복하게 하는 건강한 클렌즈 주스.

Recipe

1. 채소와 과일을 모두 듬성듬성 잘라 소금 1/4t, 물 1컵을 넣고 10분 정도 찐다.
2. 한 김 식힌 후 모든 재료를 끓인 채소물과 함께 블렌더에 넣는다.
3. 추가로 사과 1개를 잘라서 넣어 함께 갈아서 섭취한다. 바나나, 블루베리를 추가해도 좋다.

Tip.
채소는 찌거나 데쳐서 준비한다.
단단한 채소부터 넣어 더 오래 찌고, 양배추나 브로콜리는 아삭할 정도로만 가볍게 찐다.
브로콜리, 양배추는 너무 오래 데치거나 찌면 영양소가 파괴되므로 물러지지 않게 주의한다.

02

마 아몬드 스무디

Ingredients

마 250g
아몬드 밀크 2cup
캐슈너트 1/4cup
소금 1/4t
대추야자 5알
아몬드 버터 1T

부드럽고 고소한 마, 아몬드 밀크, 캐슈너트가 어우러진 오전 스무디. 속을 편안하게 감싸주는 포근한 맛으로 하루의 시작을 부드럽게 열어준다.

마에는 풍부한 식이섬유와 점액질 성분인 뮤신(mucin)이 들어 있어 위와 장의 점막을 보호하고, 속쓰림이나 위경련, 위궤양 같은 위장 질환 완화에 도움을 준다. 또한 사포닌(saponin) 성분은 체내 콜레스테롤 수치를 낮춰 혈액 순환을 원활하게 하고 심혈관 건강에도 긍정적인 영향을 준다.

비타민 B군, 비타민 C, 칼륨 등 다양한 영양소가 풍부해 피로 해소와 염증 완화, 기관지 건강 유지에도 도움을 주며, 꾸준히 섭취하면 면역력 강화에도 좋다.

아몬드 밀크의 깔끔한 고소함과 캐슈너트의 크리미한 질감이 더해져 소화가 편안하면서도 포만감이 오래 지속되는 균형 잡힌 스무디. 자극적이지 않은 자연의 단맛과 고소한 풍미로, 몸과 마음을 안정시키는 '웰니스 모닝 스무디'로 즐기기 좋다.

Recipe

1. 마를 깨끗하게 씻은 후 껍질을 제거한다.
2. 마를 갈기 좋은 크기(한입 크기)로 자른다.
3. 모든 재료를 블렌더에 넣어 곱게 갈아 마신다.

Tip.
생캐슈너트를 사용할 경우 가볍게 씻고 물에 2시간 정도 불린 뒤 쓴다.

Yam Almond Smoothie

03

단호박 모닝 에너지 스무디

Ingredients

찐 미니 밤(단)호박 1개
바나나 1개
땅콩버터 1T
오트밀 밀크 2cup
(또는 아몬드 밀크)
햄프시드 1T
견과류 한 줌
시나몬파우더 1/4t

바쁜 아침, 간편하면서도 든든하게 영양을 채워주는 식사대용 스무디.
부드럽고 달콤한 단호박에 고소한 땅콩버터를 더해 자연스러운 단맛과 깊은 풍미를 살렸다.

단호박 껍질에는 베타카로틴, 비타민 A·C·E, 미네랄, 칼륨, 마그네슘 등이 풍부해 신경 기능과 혈액순환을 돕고 면역력을 강화한다. 또한 식이섬유가 많아 포만감을 오래 유지시켜 아침 한 끼로 충분한 만족감을 준다. 여기에 땅콩버터의 건강한 지방과 단백질, 셀레늄이 더해져 에너지를 보충하고 활력을 높인다.

자극적이지 않은 자연의 단맛과 부드러운 질감으로 속을 편안하게 감싸며, 하루를 건강하게 시작할 수 있는 균형 잡힌 한 끼가 된다. 든든한 영양과 따뜻한 에너지를 담은 한 잔, 부드럽게 몸을 깨우고 마음까지 안정시켜주는 모닝 에너지 스무디.

Recipe

모든 재료를 블렌더에 넣어 곱게 갈아 마신다.

Tip.
당도를 원하면 당을 1T 추가하되 농도는 취향에 맞게 액체로 조절한다.

Morning Pumpkin Smoothie

Ingredients

즙케일 2장
샐러리 1줄기
오이 1/2cup
키위 1cup
파인애플 2cup
사과 1cup
코코넛 워터 1cup
치아시드 1T
레몬즙 1T
견과류 한 줌
당 1T

비타민과 미네랄이 풍부한 과일·채소·시드를 함께 블렌딩한 영양 가득한 그린 스무디.

케일은 비타민 A·C·K, 칼륨, 항산화 성분이 풍부해 면역력을 강화하고 체내 염증을 줄인다. 섬유질이 많아 장 건강을 개선하고 항암 작용에도 도움을 준다. 치아시드는 오메가3, 단백질, 칼슘, 식이섬유가 고루 들어 있어 포만감을 주며 혈당을 안정적으로 유지한다. 또한 장의 연동운동을 촉진해 노폐물 배출을 돕고 뼈 건강에도 긍정적인 영향을 미친다.

키위의 상큼함과 케일의 깊은 풍미, 치아시드의 고소함이 어우러진 건강한 한 잔이다.

Recipe

모든 재료를 블렌더에 넣어 곱게 갈아 마신다.

Tip.
당도를 원하면 당을 1T 추가하되 농도는 취향에 맞게 액체로 조절한다.
치아시드 1T를 코코넛 워터 1/2cup에 하루전이나 30분 정도 불린 후 플레이팅 하면 보기 좋다.

Kiwi Kale Chia Seed Green Smoothie

블루베리 에너징 스무디

Ingredients

블루베리 2cup
바나나 1개
아보카도 반 개
아몬드 밀크 2cup
땅콩버터 2T
오트밀 2T
단백질 파우더 1T (추가)

항산화 성분이 풍부한 블루베리에 바나나, 아보카도, 땅콩버터를 더한 든든한 에너지 스무디. 블루베리는 10대 슈퍼푸드로 꼽히며, 안토시아닌과 비타민 A·C·칼슘·마그네슘이 풍부해 활성산소를 제거하고 노화를 늦춘다. 항산화 작용은 피부를 맑게 하고 면역력을 높이며, 시력 보호에도 효과적이다. 바나나의 식이섬유가 장 건강을 돕고, 아보카도와 땅콩버터의 건강한 지방이 포만감과 에너지를 더해준다. 한 잔으로 활력을 충전하고 피로한 몸을 부드럽게 깨워주는 영양 스무디.

Recipe

모든 재료를 블렌더에 넣어 곱게 갈아 마신다.

Tip.
더 시원하게 즐기려면 냉동 과일을 사용한다.
당도를 원하면 당을 1T 추가하되 농도는 취향에 맞게 액체로 조절한다.

Blueberry Energizing Smoothie

Ingredients

사과 3cup
당근 2cup
양배추 4cup
레몬 1개
비트 1/2cup

뿌리채소의 달콤함과 건강을 한꺼번에 담은 대표적인 건강 주스, 채소와 과일의 항염작용을 통해 면역력을 높인다.

ABC(apple, beet, carrot) 주스. 사과, 비트, 당근 주스에 위 건강에 좋은 양배추와 비타민 풍부한 레몬을 더했다. Abc 주스는 몸속 독소와 노폐물 배출에 도움을 주며 식이섬유가 배변활동을 촉진한다. 사과의 폴리페놀과 비트의 안토시아닌 베타시아닌 당근의 카로티노이드 등 항산화 성분이 풍부해 눈의 피로, 노화 방지, 피부 건강에 도움을 준다.

비트는 땅속의 혈액이라 불리며 '땅속의 혈액, 혈관 청소부'라는 별명대로, 빨간 파이토케미컬 베타인 성분이 풍부하게 들어 있어 활성산소 제거, 노폐물 배출에 좋은 뿌리채소다. 조혈작용과 심혈관계 질환의 위험율을 낮추는 효능이 있다.

Recipe

모든 재료를 알맞은 크기로 손질해 착즙기에 천천히 넣어 착즙한다.
물이나 코코넛 워터를 추가해 블렌더에 함께 넣어 곱게 갈아 스무디로 마셔도 좋다.

Tip.
비트 1/2cup을 추가로 넣어 즐겨도 좋다.

ABC (Apple, Beet, Carrot) Lemon Cabbage Juice

Ingredients

익힌 렌틸콩 1cup
아보카도 1개
바나나 2개
발로나 카카오 파우더 4T
무첨가 두유 2cup
카카오닙 1T
소금 1/4t

렌틸콩의 고소함과 아보카도의 부드러움, 카카오닙의 깊은 향이 어우러진 달콤한 초코 스무디.

식사 대용으로 든든하면서도 건강하게 즐길 수 있는 한 잔이다. 렌틸콩은 단백질과 식이섬유, 칼륨, 철분, 비타민이 풍부해 포만감을 주고 혈당을 안정시킨다. 폴리페놀과 베타카로틴이 함유되어 활성산소를 제거하고 항암 효과를 높인다.

아보카도는 '숲속의 버터'라 불릴 만큼 고소한 맛과 풍부한 영양을 지닌 과일로, 불포화지방산이 두뇌와 간 기능을 개선하며 피로 회복에도 도움을 준다. 부드럽고 진한 초콜릿 풍미 속에 영양이 가득한 건강 스무디.

Recipe

1. 렌틸콩은 깨끗히 씻어 물을 2배 넣고 중약불로 10분 정도 삶은 뒤 체반에 물기를 제거하고 식혀서 사용한다.
2. 모든 재료를 블렌더에 넣어 곱게 갈아 마신다.

Tip.
당도를 원하면 당을 1T 추가하되 농도는 취향에 맞게 액체로 조절한다.

Choco Avocado Lentil Smoothie

Ingredients

찐 고구마 2cup
두부 200g
캐슈너트 1/4 cup
아몬드 밀크 2cup
레몬즙 3T
당 1T

부드럽고 크리미한 질감 속에 담백한 단백질과 자연의 단맛이 어우러진 건강 스무디.

단백질이 풍부한 두부와 식이섬유가 가득한 고구마, 고소한 캐슈너트를 함께 블렌딩해 부드럽고 달콤한 맛을 완성했다. 두부의 식물성 단백질은 근육과 면역력 유지에 도움을 주며, 고구마의 천연 당분과 섬유질이 포만감을 높이고 장 건강을 돕는다. 캐슈너트의 좋은 지방은 크리미한 질감을 더해주고 에너지를 채워준다.

상큼하고 건강한 치즈를 먹는 듯한 풍미로, 색다른 식사대용 스무디이자 드레싱이나 채소 소스로 활용하기에도 좋은 레시피.

Recipe

1. 두부를 끓는 물에 3~5분간 데치고 채반에 식힌 뒤 사용한다.
2. 고구마는 삶거나 쪄서 사용한다.
3. 모든 재료를 블렌더에 넣어 곱게 갈아 마신다.

Tip.
당도를 원하면 당을 1T 추가하되 농도는 취향에 맞게 액체로 조절한다.

Tofu Sweet Potato Cashew Smoothie

블랙베리 치아시드 스무디

Ingredients

블랙베리 1cup
블루베리 2cup
바나나 2개
코코넛 워터 2cup
믹스너트 1봉
(또는 견과류 1/4cup)
당 1T
콜라겐 파우더 1~2포
아몬드 밀크나 코코넛 밀크 1/2cup
치아시드 1T

상큼한 베리의 풍미와 치아시드의 고소함이 어우러진 활력 스무디.
블랙베리를 비롯한 다양한 베리는 안토시아닌과 비타민이 풍부해 눈 건강
과 피부 개선에 도움을 주며, GI 지수가 낮아 혈당 변동 없이 에너지를 공급
한다. 치아시드는 식이섬유와 오메가3, 단백질이 풍부해 포만감을 주고 장
의 활동을 도와준다.
새콤달콤한 맛이 입안을 상쾌하게 채우며, 매일 마셔도 질리지 않는 건강한
베리 스무디.

Recipe

1. 모든 재료를 블렌더에 넣어 곱게 갈아 마신다.
2. 두 가지를 블렌딩해 맛있고 예쁘게 즐길 수 있다.

Tip.
코코넛 밀크에 치아시드 1T 를(하루 전) 최소 1시간 정도 불려 블렌딩해 즐겨도 좋다.
과일, 민트, 그래놀라 등 취향에 따라 토핑을 추가한다.

Blackberry Chia Seed Smoothie

Ingredients

아보카도 1개
코코넛 밀크 3 cup
소금 1/4t
바닐라 알룰로스 4T
말차 10g
따뜻한 물 50-70g

부드럽고 고소한 코코넛 밀크에 크리미한 아보카도와 쌉싸름한 말차가 어우러진 저탄수 스무디.

커피 대신 즐기기 좋은 오전 에너지 음료로, 건강한 지방이 포만감을 오래 유지해준다. 말차의 카테킨은 유해 산소를 줄이고 지방 연소를 돕는 항산화 성분으로, 혈당 조절과 면역 강화에 효과적이다. 아보카도는 '숲속의 버터'라 불리며 오메가 3·6·9, 칼륨, 불포화지방산(올레산)이 풍부해 인슐린 기능 개선과 혈압 조절에 도움을 준다. 코코넛 밀크는 중쇄지방산(MCT)과 라우르산을 함유해 에너지 대사를 높이고 콜레스테롤 수치를 안정시킨다.

향긋한 코코넛 향과 진한 말차의 밸런스가 돋보이는, 방탄커피를 대신할 완벽한 저탄수 건강 스무디.

Recipe

1. 따뜻한 물 50~70g에 말차 10g(2잔)을 부드럽게 풀어준다. 차선을 활용해 말차를 풀어주면 더 부드럽게 즐길 수 있다.
2. 차갑게 마시려면 얼음을 1/2컵 함께 간다.
3. 모든 재료를 블렌더에 넣어 곱게 갈아 마신다. 가루를 블렌더에 함께 넣어도 좋다.

Tip.
코코넛 밀크는 브랜드에 따라 맛이 조금씩 다르다. 느끼한 맛이 강하면 아몬드 밀크 또는 오트 밀크를 블렌딩해서 사용한다.
알룰로스나 당류 한 통에 바닐라빈 줄기 하나를 긁어 껍질과 함께 넣어주면 바닐라 풍미가 그대로 살아 있는 음료나 요리를 저당으로 즐길 수 있다.
바나나 1개를 추가하거나 물 또는 당류를 취향에 따라 가감해서 즐긴다.

Matcha Avocado Coconut Smoothie

샐러리 사과 당근 주스

Ingredients

샐러리 4줄기
사과 2cup
당근 2cup
오이 1cup
레몬 반 개

아삭한 식감과 신선한 향이 매력적인 샐러리는 대표적인 클렌즈 주스 재료로, 전해질이 풍부해 수분을 보충하고 신진대사를 촉진한다. 비타민 K와 항산화 성분이 풍부해 혈액순환을 돕고 손상된 세포 회복을 지원하며, 프탈라이드 성분은 자연적인 이뇨 작용을 촉진해 부기 제거에도 효과적이다.

식이섬유는 장내 유산균을 늘려 소화를 돕고 변비를 완화한다. 당근의 베타카로틴과 비타민 A·C는 면역력을 강화하고 눈 건강을 지켜주며, 활성산소를 억제해 노화를 예방한다. 수분이 풍부한 오이가 노폐물 배출을 돕고, 달콤한 사과가 맛의 균형을 더해준다.

한 잔으로 몸을 정화하고 에너지를 채워주는 상쾌한 디톡스 주스.

Recipe

모든 재료를 알맞은 크기로 손질해 착즙기에 천천히 넣어 착즙한다.
물이나 코코넛 워터를 추가해 블렌더에 함께 넣어 곱게 갈아 스무디로 마셔도 좋다.

Tip.
샐러리는 잎까지 함께 착즙한다.

Celery Apple Carrot Juice

Ingredients

양파 반 개(100g)
마늘 2개
올리브오일 1T
소금 1/4t
토마토 3개
당근 1cup
양배추 2cup
물 1cup
소금 1/4t

몸속 노폐물을 배출하고 속을 편안하게 해주는 따뜻한 웰니스 수프.
비타민과 식이섬유가 풍부한 채소를 부드럽게 익혀 영양 흡수율을 높였다.
대표적인 슈퍼푸드인 토마토에는 비타민C, 칼륨, 식이섬유 등의 영양소뿐
만 아니라 강력한 항산화 성분인 라이코펜이 풍부해 세포 손상을 막고 노화
를 예방하며, 혈압과 콜레스테롤 수치를 조절해 혈관 건강에 도움을 준다.
당근은 베타카로틴과 비타민 A가 풍부해 눈 건강과 면역력 향상에 좋고,
양배추의 비타민 U와 글루타민은 위벽을 보호해 위염이나 속쓰림 완화에
도움을 준다.
토마토의 라이코펜은 생으로 먹을 때보다 익혀 먹을 때 체내 흡수율이 더욱
높아진다. 열을 가하면 토마토의 세포벽이 파괴돼 라이코펜이 쉽게 용해되
기 때문이다. 라이코펜은 지용성, 즉 지방에잘 녹는 성질을 가지고 있어서
기름과 함께 섭취하면 흡수율이 더욱 증가하며 올리브오일과 함께 가열하
면 체내 흡수율이 4~9배 늘어난다.
부드럽게 끓여낸 토마토와 당근, 양배추의 조합은 소화가 잘되고 속이 편안
하며, 몸의 순환을 도와 노폐물 배출에도 효과적이다.
하루의 피로를 풀고 속을 따뜻하게 다스려주는 클렌즈 힐링 수프.

Recipe

1. 양파 반 개를 얇게 슬라이스하고 마늘도 편으로 2알 슬라이스한다.
2. 예열된 프라이팬에 올리브오일을 넣어 양파, 마늘을 천천히 투명해질 때까지
볶는다.
3. 냄비에 물1컵을 부어 토마토, 당근, 양배추를 슬라이스해서 함께 넣고 소금과
함께 넣어 중불에서 10분 정도 끓인다.
4. 2. 3번을 믹서기에 갈아 다시 냄비에 넣는다.
5. 올리브유를 추가로 1T, 소금, 후추는 취향대로 넣어 간을 맞추고 약불에서 10
분 정도 더 끓여 마무리한다.

Tip.
풍미를 더하려면 바질을 잘게 잘라 넣고 5분 더 끓여 마무리한다.
농도 조절은 개인 취향에 따라 물양을 조절하면 된다.
따뜻하게도, 차게도 다양하게 즐길 수 있다.

Tomato, Carrot & Cabbage Soup

13

케일 시금치 그린 에너지 스무디볼

Ingredients

케일 3장
시금치 한 줌
애플망고 2cup
사과 1cup
바나나 2개
아보카도 1/2개
무가당 요거트 1/4cup
햄프시드 1T
아몬드 밀크 1/2cup 또는 2cup
레몬즙 1T

아보카도와 바나나를 더해 부드럽고 크리미한 질감이 돋보이는 그린 스무디볼.

제철 과일과 견과류, 씨앗 등을 토핑해 든든한 식사대용으로 즐기기 좋다. 케일과 시금치의 엽록소와 비타민, 미네랄이 풍부해 체내 독소를 제거하고 면역력을 강화하며, 철분과 식이섬유가 혈액 순환과 장 건강을 돕는다. 시금치는 특히 피로 회복과 면역 증진에 효과적이며 달콤한 과일과 어우러져 부담 없이 즐길 수 있다.

녹색 채소의 생명력을 그대로 담은, 몸을 깨우는 에너지 스무디볼.

Recipe

1. 모든 재료를 블렌더에 넣어 곱게 간다.
2. 준비된 볼에 넣어 취향에 맞게 토핑을 올려서 즐긴다.
3. 토핑은 과일, 그래놀라, 카카오닙, 코코넛칩 등을 다양하게 활용한다.

Tip.
코코넛 밀크에 1/2cup, 치아시드 1T를 1시간 이상 불려서 블렌딩해 컵에 예쁘게 데코해 즐겨도 좋다.
당도를 원하면 당을 1T 추가하되 농도는 취향에 맞게 액체로 조절한다.
바나나, 망고, 아보카도는 냉동해 사용하면 농도 조절도 자유롭고 더 맛있게 즐길 수 있다.
스무디볼은 액체를 줄여 꾸덕하게 만들어야 토핑이 빠지지 않는다. 컵을 활용한다면 액체를 더 추가해 묽게 만든다.

Kale Spinach Green Energy Smoothie Bowl

14

아사이베리 스무디볼

Ingredients

아사이베리 파우더 2T
냉동 블루베리 1cup
냉동 딸기 1cup
바나나 2개
코코넛 워터 1/2cup
그릭요거트 1/2cup
아몬드 버터 1T
햄프시드 1T

비타민과 항산화 성분이 가득한 건강 스무디볼.

아마존 우림 지역에서 자라는 아사이베리는 천연 항산화제로 유명하며, 비타민 C·A, 식이섬유, 올레인산이 풍부하다. 블루베리보다 7배 높은 항산화 효과를 지닌 것으로 알려져 있으며 안토시아닌이 풍부해 세포 손상을 막고 노화를 늦춘다. 피부 건강과 심혈관 기능 개선에 도움을 주고 식이섬유가 소화를 원활하게 해 장 건강을 지켜준다. 새콤쌉싸름한 맛이 특징으로, 파우더 형태로 스무디나 요거트, 주스 등 다양한 메뉴에 활용하기 좋다.

Recipe

1. 모든 재료를 블렌더에 넣어 곱게 간다.
2. 볼에 스무디를 넣고 윗면을 잘 다듬어준다.
3. 토핑으로 코코넛플레이크, 치아시드, 코코아닙스, 과일 등을 활용해도 좋다.

Tip.
스무디볼은 꾸덕해야 토핑을 올리기 좋다.
바나나를 얼려서 갈아도 좋고 얼음을 1/2컵 추가해도 좋다.
코코넛 워터를 추가해 부드러운 음료로 마셔도 좋다.
추가 과일, 코코넛 플레이크, 시드, 그래놀라 등등 기호에 맞게 토핑을 추가한다.
아사이베리 파우더 대신 빌베리 파우더를 활용해도 좋다.

Acai Berry Smoothie Bowl

15

쑥 병아리콩 오트 스무디

Ingredients

삶은 병아리콩 1cup
무첨가 쑥파우더 3T
오트 밀크 2 cup
바나나 1개
호두 10알
당 1T

고소한 병아리콩과 은은한 쑥의 향이 어우러진 따뜻한 기운의 스무디.
예전부터 약재로 사용된 쑥은 비타민과 항산화 성분이 풍부해 활성산소를 제거하고 면역력을 높이며, 성질이 따뜻해 위장과 신장 보호, 여성 건강 개선에 도움을 준다. 쑥의 향을 내는 치네올 성분은 장내 유해균을 억제하고 소화를 촉진한다. 병아리콩은 작지만 강력한 식물성 단백질과 식이섬유를 지닌 슈퍼푸드로, 비타민 C, 칼슘, 마그네슘, 엽산 등이 풍부해 포만감을 높이고 체중 조절에 효과적이다. 또한 이소플라본과 사포닌이 콜레스테롤 수치를 낮추고 혈당 상승을 억제해 심혈관 건강과 호르몬 균형을 돕는다.
부드러운 오트와 함께 블렌딩해 든든하고 포근한 한 잔의 영양을 완성했다.

Recipe

1. 병아리콩은 물에 8시간 정도 불린 뒤 물을 3배 정도 더 넣고 중약불로 20분 정도 푹 삶은 뒤 체반에 물기를 제거해 식혀서 사용한다.
2. 모든 재료를 블렌더에 넣어 곱게 간다.

Tip.
차갑게 드시려면 얼음을 추가하고 전자렌지나 냄비에 데워 따뜻하게 즐겨도 좋다.
농도는 취향에 맞게 액체로 조절한다.

Mugwort Chickpea Oat Smoothie

Ingredients

-저당 베리 콩포트
트리플베리 100g
레몬즙 1t
알룰로스 45g 또는 에리스리톨

-오버나이트오트 (2인분)
롤오트 1cup
오트 밀크 1 cup
(또는 아몬드 밀크)
코코넛 밀크 1/2 cup
그릭요거트 2T
아몬드 버터 1T
소금 한 꼬집
치아시드 2T
당 1T

저당 베리잼과 오버나이트 오트밀을 활용해 저녁에 미리 준비해두고 아침에 간편하게 즐길 수 있는 건강식 한 잔.

오버나이트 오트밀은 귀리를 우유나 요거트, 식물성 밀크에 하룻밤 재워 부드럽게 만든 것으로, 바쁜 아침에도 든든하게 식사 대용으로 즐기기 좋다. 통곡물 귀리는 단백질과 식이섬유, 미네랄, 비타민이 풍부해 포만감과 에너지를 동시에 채워주며, 여기에 블루베리·라즈베리·딸기 등 항산화 성분이 가득한 베리를 더해 맛과 영양을 높였다.

부드럽고 고소한 오트의 질감에 상큼한 베리 풍미가 더해진, 아침을 기분 좋게 열어주는 슈퍼푸드 스무디.

Recipe

1. 저당 베리 콩포트는 모든 재료를 냄비에 넣어 중불에 올려서 끓으면 약불로 줄여서 10분 정도 졸인 뒤 소독된 병에 보관한다.
2. 오버나이트 오트는 모든 재료를 밀폐용기에 넣어 잘 섞어 만든다. 저녁에 만들어 냉장한 뒤 다음 날 오전에 섭취한다.

Tip.
저당 베리 콩포트에 요거트나 우유, 빵, 다양하게 곁들여도 좋다.
당을 대체해 바나나를 으깨서 함께 넣어도 좋다.
저당 콩포트와 오트밀 재료를 블렌딩해 즐길 수 있다.
찌고 누르는 방식인 롤오트는 납작하고 두꺼워 씹는 식감을 즐길 수 있고 더 고소하다. 퀵오트는 입자가 작은 오트밀로 식감이 부드럽고 간편하고 빠르게 불어나는 장점이 있다.

Triple Berry Overnight Oat Smoothie

Ingredients

퀵오트밀 1cup
오트 밀크 1cup (아몬드 밀크 또는
두유로 대체 가능)
코코넛 밀크 1/2 cup
무가당 코코아 파우더 4T
땅콩버터 1T
단백질 파우더 1T
카카오닙스 2T
치아시드 1T
소금 1/4t
당 2T

진하고 달콤한 초콜릿 풍미에 영양을 가득 담은 오버나이트 스무디. 첨가물 없이 즐길 수 있어 건강한 간식이나 식사 대용으로 좋다. 퀵오트밀은 통귀리를 부드럽게 가공한 형태로, 짧은 시간에 불리거나 하룻밤 재워두면 더욱 깊은 풍미와 쫀쫀한 질감을 낸다. 귀리에 풍부한 식이섬유와 단백질, 미네랄, 비타민 B군이 포만감을 유지시켜주고, 혈당을 안정적으로 유지해준다. 여기에 카카오 파우더나 다크초콜릿을 더해 폴리페놀과 플라보노이드 같은 항산화 성분을 섭취할 수 있으며, 피로 회복과 기분 전환에도 도움을 준다. 필요에 따라 바나나나 아몬드 밀크, 땅콩버터를 더하면 부드럽고 풍부한 맛과 에너지를 한층 높일 수 있다.

달콤하지만 부담 없는 영양 가득 초코 스무디로, 바쁜 아침에도 여유로운 만족감을 느낄 수 있다.

Recipe

1. 오버나이트 오트는 모든 재료를 밀폐용기에 넣어 잘 섞어 만든다. 저녁에 만들어 냉장한 뒤 다음 날 오전에 섭취한다.
2. 코코넛 밀크 2/1 cup, 치아시드 1T를 블렌딩해 즐긴다.

Tip.
재워둔 오트밀과 치아시드 밀크를 교차로 블렌딩하면 예쁘고 맛있게 즐길 수 있다.

Choco Overnight Quick Oat Smoothie

18

굿모닝 딸기 그릭요거트

Ingredients

저당잼 3~4T
그릭요거트 1 cup
과일 토핑
견과류
그래놀라
카카오닙

상큼한 딸기와 부드러운 그릭요거트가 어우러진 아침 한 컵의 건강식. 그릭요거트는 일반 요거트보다 단백질과 칼슘 함량이 약 두 배 높아 근육 회복과 뼈 건강에 도움을 준다. 또한 프로바이오틱스(유익균)가 풍부해 장 내 환경을 개선하고 소화를 돕는다. 지방과 단백질의 균형이 좋아 포만감이 오래 유지되어 체중 관리식으로도 이상적이다. 여기에 저당 베리잼을 곁들이면 과하지 않은 단맛과 비타민, 항산화 성분을 함께 섭취할 수 있다. 견과류나 그래놀라를 더하면 씹는 즐거움과 영양 밸런스가 완성되어, 하루를 상쾌하게 시작하기에 완벽한 모닝 레시피.

Recipe

컵에 저당 잼을 넣고 그릭요거트를 부어 즐긴다.

Tip.
취향에 맞게 딸기, 베리, 그래놀라, 견과류 등 다양한 토핑을 올려 즐긴다.

Morning Strawberry Greek Yogurt

19

토마토 클렌즈 주스

Ingredients

토마토 2개
브로콜리 1cup
당근 1cup
양배추 1cup
올리브오일 1T
사과 1개
바나나, 블루베리 등

노폐물을 제거하고 면역력을 높이는 대표적인 해독 주스.

신선한 토마토를 베이스로 한 이 스무디는 비타민 A·C·E, 미네랄, 항산화 물질, 식이섬유가 풍부해 체내 독소를 배출하고 세포 손상을 막는다. 특히 리코펜과 베타카로틴 성분이 활성산소를 제거해 피부 건강과 노화 방지에 도움을 주며, 꾸준히 섭취하면 면역 체계 강화에도 효과적이다. 풍부한 식이섬유가 장의 연동운동을 촉진해 소화 기능을 개선하고 장내 환경을 정화한다. 빠르게 마시는 것보다 천천히 음미하듯 섭취하면 흡수율이 높아지고 포만감도 오래 유지된다.

꾸준히 마시면 피부가 맑아지고 몸이 가벼워지는, 일상 속의 클렌즈 한 잔.

Recipe

1. 채소와 과일을 모두 듬성듬성 잘라 소금 1/4t, 물 1컵을 넣고 10분 정도 쪄낸 뒤 사용한다.
2. 한 김 식힌 후 모든 재료를 끓인 채소물과 함께 블렌더에 넣는다
3. 추가로 사과 1개를 잘라서 넣어 함께 갈아서 섭취한다. 바나나, 블루베리를 추가해도 좋다.

Tip.
당도를 원하면 당을 1T 추가하되 농도는 취향에 맞게 액체로 조절한다.
단단한 채소부터 넣어 더 오래 찌고, 약한 채소를 가볍게 쪄 준비한다.

Tomato Cleanse Juice

Part 2.

싱그러운 그린 디톡스

푸른 채소와 과일로 즐기는 무첨가 클렌즈 주스와 스무디

몸속 깊이 자연을 채우는 시간

초록빛이 몸을 비우고 마음을 새롭게 합니다.
푸른 자연의 에너지로 찌든 몸과 마음을 맑게 비워보세요.

Ingredients

케일 1 cup
시금치 1 cup
샐러리 1cup
오이 1cup
키위 1/2cup
사과 1cup
포도 1cup
레몬 반 개

케일, 시금치, 샐러리, 오이 등 엽록소가 풍부한 채소에 사과, 포도, 키위, 레몬을 더한 깊고 신선한 초록빛 주스.

다양한 그린 채소의 비타민 A·C·K, 철분, 칼륨, 엽산이 체내 순환을 도와 혈액을 맑게 하고, 나트륨 배출과 항산화 작용으로 피로 해소와 면역력 강화에 도움을 준다. 사과와 포도의 천연 당분이 채소의 쌉싸름함을 부드럽게 잡아주며 키위와 레몬의 산뜻한 산미가 상쾌한 마무리를 완성한다.

한 잔으로 몸을 정화하고 활력을 채우는, 일상 속 초록 에너지 디톡스 주스.

Recipe

모든 재료를 알맞은 크기로 손질해 착즙기에 천천히 넣어 착즙한다.
물이나 코코넛 워터를 추가해 블렌더에 함께 넣어 곱게 갈아 스무디로 마셔도 좋다.

Deep Green Detox Juice

Ingredients

아보카도 1개
익힌 브로콜리 1cup
생 시금치 한 줌
냉동 딸기 1cup
바나나 2개
코코넛 워터 2cup
햄프시드 1T
피칸 또는 견과류 10알
레몬즙 2T
당 1T

부드러운 아보카도와 신선한 브로콜리, 시금치가 어우러진 영양 가득한 그린 스무디.

브로콜리는 대표적인 항암 식품으로, 레몬보다 약 두 배 많은 비타민 C를 함유해 피로 회복과 면역력 강화, 피부 건강에 도움을 준다. 시금치는 철분과 식이섬유, 비타민이 풍부해 혈액 순환을 촉진하고 항산화 효과로 염증을 완화한다. '숲속의 버터'라 불리는 아보카도는 불포화지방산과 칼륨, 비타민 E가 풍부해 혈압 조절과 피로 회복, 피부 건강에 좋다.

그린 채소의 싱그러움에 딸기의 산뜻한 단맛을 더해 부드럽고 상쾌하게 즐길 수 있는 한 잔의 그린 밸런스 스무디.

Recipe

1. 아보카도는 씨를 제거한 뒤 껍질을 벗겨 준비하고(냉동 사용 가능) 브로콜리는 익혀서 준비한다.
2. 모든 재료를 블렌더에 넣어 곱게 갈아 마신다.

Tip.
시금치는 살짝 데쳐서 사용해도 좋다.
딸기는 제철이 아니라면 냉동을 사용해도 좋다.
잎채소는 갈기 좋은 크기로 잘라 블렌더에 넣는다.
농도는 코코넛 워터로 조절하고 취향에 따라서 당을 추가해도 좋다.

Avocado Broccoli Spinach Smoothie

말차 그린 단백질 스무디

Ingredients

시금치 두 줌
말차 가루 2T
단백질 파우더 1T
무가당 요거트 1/4cup
아보카도 1/2개
바나나 2개
아몬드 버터 1T
아몬드 밀크 1/2cup 또는 2cup

말차와 신선한 채소, 과일을 함께 블렌딩한 그린 에너지 스무디.
스무디볼로 만들어 다양한 토핑과 함께 즐기기에도 좋다. 시금치는 철분과 엽산, 식이섬유, 비타민이 풍부한 녹황색 채소로, 피로 회복과 면역력 강화에 도움을 준다. 말차의 카테킨 성분은 체내 유해 산소를 제거하고 지방 연소를 촉진하며, 혈당 조절과 피부 건강에도 긍정적인 역할을 한다. 여기에 아보카도의 불포화지방산(올레산)과 오메가 3·6·9, 칼륨이 더해져 포만감과 에너지를 동시에 채운다.
부드럽고 크리미한 질감 속에 말차의 쌉싸름한 풍미가 더해져, 몸속부터 깨어나는 듯한 균형 잡힌 단백질 스무디.

Recipe

모든 재료를 블렌더에 넣어 곱게 갈아 마신다.

Tip.
스무디볼로 활용할 경우 1/2컵에서 1컵을 넣어 농도를 조절해 토핑이 빠지지 않도록 활용한다.
얼린 바나나를 사용하거나 액체양을 조절해도 좋다.
음료로 활용할 경우 액체를 2cup 넣어서 마신다.
치아시드 1T, 밀크 1/2cup을 불려 음료와 블렌딩해 예쁘게 컵에 담아 즐겨도 좋다.
당도를 원하면 당을 1T 추가하되 농도는 취향에 맞게 액체로 조절한다.

Matcha Green Protein Smoothie

Ingredients

수박 4cup
샐러리 3-4줄기
오이 1cup
라즈베리 1/4cup
레몬 반 개

수분 가득한 수박과 샐러리, 오이에 상큼한 레몬과 라즈베리를 더한 여름 디톡스 주스.

수박은 여름철 대표적인 수분 공급 과일로, 체내 수분을 보충하고 리코펜의 강력한 항산화 작용으로 노화 방지와 혈관 건강에 도움을 준다. 또한 독소 배출과 부종 완화, 소화 개선 효과가 있다. 샐러리는 만병통치약이라고 불릴 만큼 좋은 채소로 샐러드, 요리, 주스로 다양하게 활용된다. 비타민 C와 베타카로틴 등 항산화 물질이 풍부해 염증을 완화하고 세포 손상을 줄이는 채소로, 체내 순환을 원활하게 돕는다. 오이는 식이섬유와 수분이 풍부해 노폐물 배출과 혈액 순환 개선에 탁월하다.

레몬의 산뜻한 산미와 라즈베리의 붉은빛 항산화 성분이 더해져, 더운 날씨에 몸을 깨끗하게 정화하고 활력을 되찾게 해주는 상쾌한 여름 해독 주스.

Recipe

모든 재료를 알맞은 크기로 손질해 착즙기에 천천히 넣어 착즙한다.
블렌더에 넣어 곱게 갈아 마셔도 좋다.

Celery Watermelon Cucumber Lemon Raspberry Juice

24

배 로메인 라임 민트 스무디

Ingredients

배 3cup
통로메인 큰잎 10장
라임즙 2T
애플민트 7~10줄기
코코넛 워터 1/2cup

시원하고 달콤한 배에 로메인의 부드러운 식감, 라임의 산뜻함과 민트의 향 긋함을 더한 상쾌한 그린 스무디.

배는 기관지 건강에 도움을 주는 과일로, 수분과 식이섬유, 폴리페놀이 풍부해 나트륨 배출과 숙취 해소, 항산화 작용에 효과적이다. 로메인은 비타민 A·C와 베타카로틴이 풍부해 면역력 강화와 염증 완화, 시력 보호에 좋으며, 락투신 성분은 신경을 안정시켜 불안감과 불면증 완화에도 도움을 준다. 여기에 라임의 비타민 C가 피로를 덜어주고, 민트의 청량감이 더해져 한 모금마다 머리가 맑아지는 듯한 상쾌함을 선사한다.

자연의 향과 맛이 어우러진, 이국적인 그린 밸런스 스무디.

Recipe

모든 재료를 블렌더에 넣어 곱게 갈아 마신다.

Tip.
배는 껍질을 제거하고 사용한다.
당도를 원하면 당을 1T 추가하되 농도는 취향에 맞게 액체로 조절한다.
애플민트의 두꺼운 줄기는 제거하고 사용한다.

Pear Romaine Lime Mint Smoothie

25

크림 루콜라 키위 스무디

Ingredients

루콜라 2cup
아보카도 반 개
키위 1cup
망고 1cup
코코넛 워터 1cup
당 1T

루콜라의 은은한 쌉싸름함과 키위의 상큼함, 아보카도의 부드러움이 조화를 이루는 크리미한 그린 스무디.

루콜라(아루굴라)는 지중해가 원산지인 채소로, 비타민 A·C·K, 칼륨, 식이섬유가 풍부해 피로 회복과 소화 촉진, 면역력 강화에 도움을 준다. 특유의 향긋한 풍미와 톡 쏘는 매운맛이 입맛을 돋우며, 혈액 순환 개선과 항산화 작용에도 효과적이다. 여기에 키위의 비타민 C와 아보카도의 불포화지방산이 더해져 상큼하면서도 부드럽고 고소한 질감이 완성된다.

샐러드로만 즐기던 루콜라를 색다르게 맛볼 수 있는, 향과 영양이 살아 있는 그린 에너지 스무디.

Recipe

모든 재료를 블렌더에 넣어 곱게 갈아 마신다.

Tip.
당도를 원하면 당을 1T 추가하되 농도는 취향에 맞게 액체로 조절한다.

Creamy Arugula Kiwi Smoothie

26

사과 샐러리 진저 스무디

Ingredients

사과 1개
샐러리 2줄기
시금치 한 줌
오이 1/2cup
바나나 1개
코코넛 워터 2cup
라임 반 개
견과류 10개 (또는 믹스견과 1봉)
생강 한조각 or 생강청 1T
당 1T

아침의 활력을 깨워주는 상큼한 클렌즈 스무디.

사과는 '아침에 먹는 금'이라 불릴 만큼 영양이 풍부하며, 비타민 C와 폴리페놀이 활성산소를 억제해 피부와 혈관 건강을 돕는다. 천연 나트륨 배출 작용으로 부기를 완화하고 장 기능을 강화해 소화를 돕는다. 샐러리는 식이섬유와 미네랄, 비타민이 풍부해 체내 염증을 완화하고 노폐물 배출을 촉진하며 면역력 강화에 탁월하다. 여기에 생강을 더하면 혈액순환을 촉진하고 체온을 높여 신진대사를 활발하게 만들어준다.

상큼한 사과, 아삭한 샐러리, 알싸한 진저가 어우러진 이 스무디는 몸의 노폐물을 정화하고 속을 편안하게 해주는 천연 에너지 음료다.

Recipe

모든 재료를 블렌더에 넣어 곱게 갈아 마신다.

Apple Celery Ginger Smoothie

27

주키니 파인애플 스무디

Ingredients

익힌 주키니 2cup
파인애플 2cup
애플망고 1cup
바나나 1개
캐슈너트 1/4cup
코코넛 워터 2cup

은은한 단맛과 부드러운 식감이 매력적인 주키니 호박에 상큼한 파인애플과 달콤한 바나나를 더한 건강 스무디.

주키니는 비타민 A·C, 칼륨, 식이섬유가 풍부해 면역력 강화와 피로 회복, 장 건강에 도움을 준다. 특히 항산화 성분인 베타카로틴이 풍부해 피부 노화 방지와 시력 보호에도 효과적이며, 수분과 칼륨이 체내 노폐물 배출을 도와 부종 완화에도 좋다. 파인애플은 비타민과 소화 효소 브로멜라인이 풍부해 신진대사를 촉진하고 피로를 회복시키며, 지방 축적을 억제해 다이어트에도 도움이 된다.

부드럽고 달콤한 맛 속에 건강한 에너지가 담긴, 상큼한 여름 한 잔의 클렌즈 스무디.

Recipe

1. 주키니는 한입 크기로 잘라서 찜기에 5~7분 정도 익힌다.
2. 모든 재료를 블렌더에 넣어 곱게 갈아 마신다.

Zucchini Pineapple Smoothie

28

그린 자몽 파인애플 주스

Ingredients

그린자몽 슬라이스 2cup
파인애플 슬라이스 1cup
당근 슬라이스 1cup
오렌지 1cup

초록빛의 상큼한 그린 자몽(메로골드)과 달콤한 파인애플이 어우러진 겨울 제철 착즙 주스.

그린 자몽은 일반 자몽보다 식이섬유와 비타민 C, 베타카로틴, 리코펜이 풍부해 면역력 강화와 피로 회복, 피부 건강에 도움을 준다. 특유의 달콤쌉싸름한 맛이 입맛을 돋우며, 체내 지방 분해와 해독 작용에도 효과적이다. 여기에 파인애플의 브로멜라인 효소가 더해져 소화를 돕고 신진대사를 활발하게 만들어준다.

칼로리가 낮고 영양소가 풍부해 가볍게 마시기 좋은 건강 착즙 주스로, 겨울철 비타민 충전에 이상적이다.

Recipe

모든 재료를 알맞은 크기로 손질해 착즙기에 천천히 넣어 착즙한다.
블렌더에 넣어 곱게 갈아 마셔도 좋다.

Tip.
레드 자몽으로 대체해도 좋다.

Green Grapefruit Pineapple Juice

29

복숭아 그린 스무디

Ingredients

즙케일 2-3장
복숭아 3cup
자두 1cup
바나나 1개
아몬드 밀크 2cup
오트밀 1T
당 1T

달콤한 복숭아와 자두, 신선한 그린 채소가 어우러진 여름 시즌의 에너지 스무디.

복숭아와 자두는 유기산과 비타민이 풍부해 피로 회복과 면역력 강화에 도움을 주며, 식이섬유가 풍부해 장의 연동운동을 촉진하고 변비 개선에 효과적이다. 특히 비타민 C·E, 안토시아닌 등의 항산화 성분이 활성산소를 억제해 피부 탄력과 눈 건강 유지에도 좋다.

달콤하고 상큼한 제철 과일의 조합으로 맛과 영양을 모두 채우는, 여름철 가볍고 상쾌한 비타민 스무디.

Recipe

모든 재료를 블렌더에 넣어 곱게 갈아 마신다.

Tip.
코코넛 워터를 활용해 대체하면 깔끔한 맛으로 먹을 수 있다.
당도를 원하면 당을 1T 추가하되 농도는 취향에 맞게 액체로 조절한다.

Peach Green Smoothie

Ingredients

즙케일 3장
용과 1cup
망고 2cup
파인애플 2cup
그릭요거트 4T
땅콩버터 1T
단백질 파우더 1T
코코넛 워터 2cup
데이츠 5개

영양 가득한 그린 채소에 상큼한 열대 과일을 더한 활력 스무디.

케일은 녹황색 채소 중 베타카로틴 함량이 높고 칼슘과 식이섬유, 멜라토닌, 비타민 C가 풍부해 면역력 강화와 피로 회복, 숙면에도 도움을 준다. 항산화와 항염 작용이 뛰어나 노화 방지와 염증 완화에도 효과적이다. 여기에 파인애플, 망고, 용과 등 열대 과일의 달콤한 산미가 더해져 비타민과 수분, 폴리페놀을 보충해준다. 특히 용과의 칼륨은 체내 나트륨 배출을 도와 혈압 조절에 도움을 준다.

건강한 녹색 채소와 열대 과일의 조화로 한 잔만으로도 상큼함과 활력이 채워지는 트로피컬 비타민 스무디.

Recipe

모든 재료를 블렌더에 넣어 곱게 갈아 마신다.

Tip.
트로피컬 믹스 냉동 과일을 사용히면 편리하다.
당도를 높이고 싶다면 데이츠를 추가한다.

Tropical Green Smoothie

상추 코코넛 스무디

Ingredients

기본:
양상추 손바닥 크기 10장
청상추 7장
망고 1cup
바나나 1개
호두 10알
코코넛 워터 2cup

혈당 관리:
양상추 손바닥 크기 10장
청상추 7장
오이 4/1 cup
바나나 1개
사과 1cup
샐러리 1cup
견과류 10개

숙면을 돕고 몸의 균형을 바로잡아주는 힐링 스무디.
아삭하고 달콤한 양상추와 쌉싸름한 청상추를 함께 갈아 상쾌하면서도 고소한 맛을 냈다. 상추에는 비타민 A·C, 베타카로틴, 섬유질이 풍부해 피를 맑게 하고 면역력을 높이며, 락투카리움·락투신 성분은 신경을 안정시켜 불면증 완화에 도움을 준다. 양상추 역시 수분과 식이섬유가 풍부해 체내 노폐물 배출을 돕고 피부를 촉촉하게 유지시킨다. 여기에 망고의 달콤함, 바나나의 부드러움, 호두의 좋은 지방, 그리고 코코넛 워터의 수분과 미네랄이 더해져 부드럽고 포만감 있는 균형 잡힌 한 잔이 완성된다.
하루의 끝, 또는 시작을 편안하게 만들어주는 그린 릴렉스 스무디.

Recipe

모든 재료를 블렌더에 넣어 곱게 갈아 마신다.

Tip.
면역력에 좋은 꿀을 곁들여 먹어도 좋다.

Lettuce Coconut Smoothie

Ingredients

청경채 3cup
샤인머스켓 또는 청포도 2cup
오이 1cup
라임 반 개

아삭한 청경채와 달콤한 샤인머스켓이 어우러진 상큼한 그린 주스.
청경채는 수분과 식이섬유가 풍부해 체내 노폐물 배출을 돕고, 카로틴과 비타민 C, 칼륨, 칼슘이 풍부해 신진대사를 원활하게 해준다. 특히 항산화 성분이 활성산소를 제거해 피부 노화를 늦추고, 혈액 순환 개선에도 효과적이다. 달콤한 샤인머스켓은 풍부한 포도 폴리페놀과 유기산으로 활력을 주며, 상큼한 향이 청경채의 담백함과 조화롭게 어우러진다.
수분감과 영양이 가득한 한 잔으로, 피로한 하루에 산뜻한 에너지를 더해주는 착즙 주스.

Recipe

모든 재료를 알맞은 크기로 손질해 착즙기에 천천히 넣어 착즙한다.
물이나 코코넛워터를 추가해 블렌더에 함께 넣어 곱게 갈아 스무디로 마셔도 좋다.

Bok Choy Shine Muscat Juice

Ingredients

민트잎 한 줌
바나나 2개
시금치 반 줌
카카오닙스 2T
다크초코 2T
햄프시드 1T
아몬드 밀크 2.5cup
당 1T

은은한 민트의 청량함과 카카오의 쌉싸름한 깊은 풍미가 어우러진 균형 있는 힐링 스무디.

민트는 꿀풀과에 속하는 허브로, 상쾌한 멘톨 향이 스트레스를 완화하고 불안한 마음을 진정시킨다. 또한 소화를 촉진하고 피로를 풀어주며, 유해균의 증식을 억제하는 천연 항균 효과를 지닌다. 카카오닙스는 올레산이 풍부해 콜레스테롤 수치를 낮추고 혈관 건강을 돕는 동시에, 카테킨과 폴리페놀이 활성산소를 제거해 노화를 억제하고 피부를 건강하게 유지시킨다.

상큼한 사과가 더해져 부드럽게 어우러지는 이 스무디는 마음과 몸을 동시에 안정시켜주는 천연 밸런스 음료다.

Recipe

모든 재료를 블렌더에 넣어 곱게 갈아 마신다.

Tip.
애플민트, 페퍼민트, 스피아민트 등 민트의 종류가 다양하니 기호에 따라 골라 사용하면 좋다.

Apple Mint Cacao Smoothie

34

감자 브로콜리 시금치 수프

Ingredients

찐 감자 300g
익힌 브로콜리 200g
시금치 한 줌 40g
생강 한조각 10g 이내
캐슈너트 1/4cup (30g)
물 2cup
소금
후추

따뜻하고 부드럽게 몸을 감싸주는 그린 웜 수프.

담백한 감자, 영양이 가득한 브로콜리, 비타민이 풍부한 시금치, 여기에 은은한 생강을 더해 속까지 편안하게 데워준다. 브로콜리는 줄기까지 버릴 부분이 없는 슈퍼푸드로, 비타민 C 함량이 레몬의 두 배에 달하며 강력한 항산화 효과로 염증을 완화하고 면역력을 높인다. 또한 설포라판 성분이 활성산소를 제거하고 암 예방에 도움을 준다. 감자는 포만감을 높이고 부드러운 질감을 더하며, 시금치의 철분과 엽산이 피로 회복과 혈액 순환을 돕는다.

하루의 피로를 녹여주는 따뜻한 한 그릇, 건강한 초록 에너지가 담긴 그린 수프.

Recipe

1. 감자는 쪄서 준비해둔다.
2. 브로콜리는 끓는물에 소금 1t 정도 넣어 크기에 따라 30초에서 1분 이내로 데치거나 쪄서 사용한다.
3. 캐슈너트, 찐감자, 브로콜리, 시금치, 생강을 물 2컵과 블렌더에 넣어 모두 간다.
4. 앞의 내용물을 냄비에 부어 올리브유 1T를 넣고 약불에서 10~15분간 끓인다.
5. 소금과 후추로 간을 한다.

Tip.
생캐슈너트는 물에 2시간 정도 불려서 사용하는 게 좋다.
생강은 취향에 따라서 줄이거나 제외해도 좋다.
농도는 물로 조절하거나 버터, 생크림, 우유를 넣으면 풍미가 더 좋아진다.

Potato Broccoli Spinach Soup

Part 3.

컬러 푸드의 향연

다양한 색의 채소와 과일로 만드는 항산화 건강 음료
다채로운 색감과 함께 즐기는 풍부한 영양

자연의 색은 곧 건강의 빛입니다.
자연이 선물한 영양소는 건강의 언어입니다.
다채로운 채소와 과일로 완성하는 항산화 에너지 레시피

35

오렌지 당근 진저 주스

Ingredients

오렌지 3cup
당근 2cup
레몬 반 개
생강 엄지손가락 크기
1조각

비타민과 항산화 성분이 가득한 천연 에너지 주스.
오렌지, 당근, 생강, 레몬이 어우러져 면역력을 높이고 몸의 균형을 회복시
켜준다. 오렌지는 풍부한 비타민 C와 플라보노이드가 피로를 풀어주고 피
부를 맑게 하며, 혈액순환을 촉진해 혈관 건강을 지켜준다. 또한 스트레스
완화와 항암 효과에도 도움이 된다. 당근은 베타카로틴과 비타민 A가 풍부
해 눈의 피로를 완화하고, 비타민 C가 활성산소를 제거해 면역력과 간 기능
개선에 효과적이다. 여기에 생강의 진저롤과 쇼가올 성분이 체온을 높여 감
기 예방, 혈액순환 개선, 통증 완화에 도움을 준다.
상큼함과 따뜻함이 조화를 이루는 이 주스는 하루를 깨우는 천연 면역 부스
터로 제격이다.

Recipe

모든 재료를 알맞은 크기로 손질해 착즙기에 천천히 넣어 착즙한다.
물이나 코코넛 워터를 추가해 블렌더에 함께 넣어 곱게 갈아 스무디로 마셔도
좋다.

Tip.
생강의 양은 늘려도 좋다.
면역력에 좋은 천연꿀을 첨가해 마셔도 좋다.

Orange Carrot Ginger Juice

36

토마토 딸기 비트 레몬 주스

Ingredients

토마토 2~3개
냉동 딸기 2cup
익힌 비트 1/2cup
레몬 반 개
코코넛 워터 1cup
당 1~2T

상큼한 과일과 뿌리채소가 조화를 이룬 항산화 주스.
토마토는 비타민 C, 칼륨, 식이섬유가 풍부하며, 강력한 항산화 성분인 라이코펜이 노화 방지와 암 예방, 혈압 조절에 도움을 준다. 생으로 섭취하면 비타민C 함량이 높아져 면역력 강화에도 좋다. 여기에 딸기의 천연 비타민 C와 안토시아닌, 비트의 베타시아닌 성분이 더해져 혈액 순환을 개선하고 활력을 높여준다. 마지막으로 레몬의 산뜻한 산미가 전체 맛의 균형을 잡아주며, 피로를 풀고 신진대사를 촉진한다.
새콤달콤하면서도 영양이 가득한 한 잔으로 피부, 혈관, 면역 건강을 동시에 챙길 수 있는 데일리 비타민 주스.

Recipe

모든 재료를 블렌더에 넣어 곱게 갈아 마신다.

Tip.
비트는 익혀서 사용하면 좋다.
레몬은 즙을 내어 사용해도 좋다.

Tomato Strawberry Beet Lemon Juice

37

라디치오 오렌지 파인 스무디

Ingredients

라디치오잎(손바닥 크기) 7~8개
오렌지 1cup
파인애플 슬라이스 1cup
코코넛 워터 1cup
당 1T

아삭한 식감과 달콤쌉싸름한 풍미가 매력적인 라디치오를 활용한 이국적인 컬러 스무디.

이탈리아산 레드 치커리로 불리는 라디치오는 선명한 보라빛 잎과 흰 줄기가 특징으로, 눈으로도 즐길 수 있는 아름다운 채소다. 칼륨이 풍부해 나트륨 배출과 혈압 조절에 효과적이며, 심혈관 질환 예방과 간 기능 강화에도 도움을 준다. 붉은 색소 속 안토시아닌은 강력한 항산화 작용을 해 세포 손상을 막고 노화를 지연시킨다. 상큼한 오렌지와 파인애플이 라디치오의 쌉싸름함을 부드럽게 감싸며, 비타민 C와 천연 당분으로 에너지를 채워준다. 건강과 미각, 색감까지 모두 만족시키는 달콤한 퍼플 스무디.

Recipe

모든 재료를 블렌더에 넣어 곱게 갈아 마신다.

Radicchio Orange Pine Smoothie

Ingredients

파프리카 옐로 1cup
파프리카 레드 1cup
사과 1cup
오렌지 1cup
당 1T
코코넛 워터 2cup

아삭하고 달콤한 파프리카를 주재료로 한 비타민 컬러 스무디.
붉고 노란 파프리카는 눈길을 사로잡는 화사한 색감뿐 아니라, 라이코펜·베타카로틴·비타민 C가 풍부해 강력한 항산화 작용을 한다. 세포 손상을 막고 면역력을 높이며, 낮은 칼로리와 풍부한 수분, 식이섬유 덕분에 장 건강과 피로 회복, 노폐물 배출에도 효과적이다. 상큼한 과일과 함께 블렌딩하면 특유의 달콤한 향이 부드럽게 어우러져, 마치 과일주스처럼 가볍고 산뜻하게 즐길 수 있다.
색감과 맛, 영양까지 모두 잡은 비타민 스무디 한 잔으로 일상의 활력을 더해보자.

Recipe

모든 재료를 블렌더에 넣어 곱게 갈아 마신다.

Tip.
익힌 당근을 사용하면 더욱 부드럽고 흡수율도 높일 수 있다.

Sweet Red & Yellow Pepper Smoothie

Ingredients

기본:
딸기 3cup
체리 1cup
크랜베리 1/2cup
파인애플 1cup
코코넛 워터 2cup
바나나 1개 또는 당 1T

딸기 체리 아몬드 밀크 스무디:
딸기 3cup
체리 1cup
바나나 1개
땅콩버터 1T
오트밀 2T
아몬드 밀크 2cup

붉은빛의 과일이 전하는 상큼한 에너지, 딸기와 체리의 조합으로 완성된 항산화 스무디.

딸기는 비타민 C와 안토시아닌이 풍부해 면역력을 높이고 감기 예방, 피부 탄력 유지에 도움을 준다. 또한 항산화 성분이 활성산소를 제거해 노화를 늦추고, 혈액순환을 촉진해 피로 해소와 심혈관 건강에도 효과적이다. GI지수가 낮아 혈당 관리에도 좋은 과일이다. 체리에는 케르세틴과 안토시아닌 같은 항산화 물질이 풍부해 염증을 완화하고 노폐물 배출을 도우며, 비타민 A·C가 피부 건강과 시력 개선에 도움을 준다. 특히 천연 멜라토닌이 함유되어 있어 숙면을 유도하고 신경을 안정시켜준다.

달콤함과 산미가 조화를 이루는 붉은빛 스무디 한 잔으로, 몸과 마음을 맑게 리셋해보자.

Recipe

모든 재료를 블렌더에 넣어 곱게 갈아 마신다.

Strawberry Cherry Smoothie

Ingredients

적양배추 3cup
샐러리 줄기 1cup
파인애플 1cup
사과 1cup
레몬 반 개

선명한 보라빛의 적양배추, 향긋한 샐러리, 달콤한 파인애플이 어우러진 해독 주스.

적양배추는 일반 양배추처럼 소화에 도움을 주는 채소로, 보라색을 띠게 하는 안토시아닌 플라보노이드가 풍부해 강력한 항산화·항암 효과를 지닌다. 또한 혈관 건강 개선, 노폐물 배출, 활성산소 제거에 탁월해 몸의 순환을 깨끗하게 해준다. 제아잔틴과 루틴 성분은 눈의 피로를 완화하고 시력을 보호하며, 낮은 칼로리와 풍부한 수분 덕분에 가볍게 즐기기 좋은 주스다. 여기에 파인애플의 브로멜라인 효소가 더해져 상큼하고 부드러운 단맛으로 마무리된다.

하루의 피로를 씻어내는 듯한, 아름답고 건강한 보랏빛 주스.

Recipe

모든 재료를 알맞은 크기로 손질해 착즙기에 천천히 넣어 착즙한다.
물이나 코코넛 워터를 추가해 블렌더에 함께 넣어 곱게 갈아 스무디로 마셔도 좋다.

Red Cabbage Celery Pineapple Juice

41

콜리플라워 트로피컬 스무디

Ingredients

익힌 콜리플라워 1cup

옐로 파프리카 1/2cup

냉동 파인애플 1cup

냉동 망고 1cup

코코넛 워터 2cup

패션프루트 2개

당 1T

부드럽고 은은한 단맛의 콜리플라워에 열대과일의 상큼함을 더한 건강 스무디.

브로콜리와 닮은 이 흰색 채소는 칼로리가 낮고 비타민 C·B·K, 칼슘, 마그네슘, 미네랄이 풍부해 면역력 강화와 피로 회복에 도움을 준다. 또한 식이섬유가 장 운동을 돕고 위 장벽을 보호해 소화에 부담이 적으며, 설포라판 성분은 혈중 콜레스테롤을 낮추고 나트륨 배출을 촉진해 혈압 조절에도 효과적이다.

파인애플이나 망고 같은 열대과일과 함께 블렌딩하면 산뜻한 단맛과 부드러운 질감이 어우러져 가볍지만 영양이 가득한 한 끼로 즐길 수 있다.

Recipe

1. 콜리플라워는 너무 오래 데치지 말고 살짝 익혀서 준비한다.
2. 패션프루트는 해동 후 반을 잘라 과육만 사용한다.
3. 모든 재료를 블렌더에 넣어 곱게 갈아 마신다.

Cauliflower Tropical Smoothie

42

자두 당근 오렌지 바질 스무디

Ingredients

자두 4cup
당근 1cup
오렌지 2cup
바질잎 7~8장
코코넛 워터 1cup
당 1T

새콤달콤한 자두와 달콤한 당근, 향긋한 바질이 어우러진 상큼한 비타민 스무디.

여름부터 초가을까지 즐길 수 있는 자두는 비타민 A·C, 안토시아닌, 칼륨, 식이섬유가 풍부해 눈 건강과 피로 회복에 좋으며, 판토텐산이 면역력을 강화하고 콜라겐 생성을 도와 피부 건강에도 효과적이다. 당근은 베타카로틴과 비타민 C가 풍부해 활성산소를 제거하고 간 기능 개선, 해독 작용, 면역력 유지에 도움을 준다. 체내 독소 배출과 간의 지방을 감소시키는 효능도 있다. 여기에 바질의 베타카로틴과 비타민 A, 칼슘이 더해져 신진대사를 촉진하고 위장 건강과 뼈 건강을 돕는다.

오렌지의 산뜻한 단맛이 전체 맛을 조화롭게 감싸며, 입안 가득 싱그러움과 활력을 전하는 플로럴-시트러스 블렌딩 스무디.

Recipe

모든 재료를 블렌더에 넣고 곱게 갈아 마신다.

Tip.
생강을 한 조각 추가해도 풍미가 다양해진다.

Plum Carrot Orange Basil Smoothie

Ingredients

블루베리 1cup
적양배추 1cup
딸기 1cup
치아시드 1T
바나나 1개
오트밀 2T
해바라기씨 1T
아몬드 밀크 2cup
당 1T

보랏빛 항산화 에너지를 담은 퍼플 스무디.
적양배추와 블루베리의 안토시아닌이 풍부해 활성산소를 제거하고 세포 손상을 막아 노화 방지와 피로 회복에 효과적이다. 적양배추는 비타민 C·K, 식이섬유가 풍부해 위 건강과 혈액순환을 돕고, 블루베리는 폴리페놀과 비타민 E가 피부와 시력 보호에 도움을 준다. 여기에 오트밀을 더해 든든한 포만감과 천연 단맛을 더하면 아침 대용으로도 훌륭하다.
항산화, 해독, 영양 밸런스를 한 번에 챙길 수 있는 깊고 부드러운 퍼플 힐링 스무디.

Recipe

모든 재료를 블렌더에 넣고 곱게 갈아 마신다.

Tip.
깔끔한 맛을 원하면 코코넛 워터를 활용해도 좋다.

Blueberry Red Cabbage Oat Smoothie

Ingredients

황금향 3cup
익힌 브로콜리 1cup
그릭요거트 1/4cup
견과류 한 줌
햄프시드 1T
시나몬가루 1/4 t
당 1T
코코넛 워터 1cup

달콤하고 향긋한 제주 황금향(베니마돈나)과 건강한 브로콜리를 함께 블렌딩한 상큼한 비타민 스무디.
황금향은 귤과 한라봉의 교배종으로, 과즙이 풍부하고 신맛이 적어 부드럽고 고급스러운 향이 특징이다. 비타민 C와 펙틴, 베타카로틴이 풍부해 감기 예방과 피로 회복, 혈액 속 콜레스테롤 감소에 도움을 준다. 브로콜리는 설포라판과 비타민 K가 함유되어 면역력을 높이고 혈관 건강을 지켜주며, 활성산소를 억제해 염증 완화에도 효과적이다.
상큼한 시트러스의 향과 초록 채소의 영양이 조화를 이루는 한 잔의 스무디로, 겨울철 활력과 면역을 채워보자.

Recipe

모든 재료를 블렌더에 넣고 곱게 갈아 마신다.

Tip.
황금향 외에 다른 시트러스 과일을 사용해도 좋다.

Citrus Broccoli Smoothie

레드 용과 스무디

Ingredients

레드 용과 3cup
망고 1cup
파인 1cup
라즈베리 1/4cup
바나나 1개
코코넛 워터 2cup

선명한 붉은빛이 매력적인 레드 용과에 달콤한 열대 과일을 더한 이국적인 스무디.

레드 용과는 화이트 용과보다 당도가 높고 새콤달콤한 맛이 특징으로, 풍부한 비타민 C, 미네랄, 수용성 식이섬유가 체내 노폐물 배출과 장 건강에 도움을 준다. 특히 칼륨 성분이 붓기를 완화하고 혈압 조절을 돕는다. 진한 붉은 색을 만들어내는 안토시아닌이 풍부해 강력한 항산화 효과를 지니며, 세포 손상을 막고 피부 노화를 예방한다.

한 잔으로 활력과 생기를 채워주는, 보기만 해도 건강해지는 기분이 드는 트로피컬 퍼플 스무디.

Recipe

모든 재료를 블렌더에 넣어 곱게 갈아 마신다.

Red Dragon Fruit Smoothie

Ingredients

제주 굴 8-10개
찐 당근 1cup
(생당근도 무방)
파인애플 1cup
생강 1조각
(또는 생강청 1T)
견과류 10개
당 1T

겨울철 비타민을 가득 채워주는 상큼한 에너지 스무디.
신선한 제주 감귤의 달콤한 산미와 당근의 부드러운 단맛, 파인애플의 청량함이 어우러져 추운 계절 지친 몸에 활력을 불어넣는다. 당근은 루테인과 베타카로틴이 풍부해 눈 건강과 항산화 작용에 뛰어나며, 체내 노폐물 배출을 돕는다. 굴은 구연산과 비타민 C가 가득해 피로 회복과 피부 건강에 좋고, 겨울철 부족한 수분과 영양을 보충해준다. 여기에 생강의 진저롤 성분이 따뜻한 기운을 더해 감기 예방, 혈액순환 개선, 면역력 강화를 돕는다.
상큼함 속에 은은한 따뜻함이 느껴지는 겨울 시즌 웰빙 스무디.

Recipe

모든 재료를 블렌더에 넣어 곱게 갈아 마신다.

Tip.
소화기관이 약하다면 당근, 생강을 살짝 익힌 뒤 갈아 먹는다.
굴은 수분이 많아 액체를 추가하지 않아도 되나 물이나 코코넛 워터를 추가해도 좋다.

Citrus Carrot Pineapple Smoothie

47

레드 이너뷰티 에너지 스무디

Ingredients

비트 1/2cup
라즈베리 1/2cup
딸기 1cup
파인애플 1cup
사과 1cup
그린 비타민 채소 한 줌
코코넛 워터 2cup
당 1T

베리의 항산화 에너지와 비트의 풍부한 영양을 담은 이너뷰티 스무디.
비트는 혈액을 정화하고 노폐물을 배출해 혈관 건강과 피로 회복에 도움을 주며, 베타인과 질산염 성분이 혈류를 원활하게 해 에너지를 높인다. 여기에 블루베리, 라즈베리, 딸기 등 붉은빛 베리류의 안토시아닌이 더해져 노화를 예방하고 피부 탄력과 면역력 강화에 효과적이다. 풍부한 식이섬유는 장 건강을 개선하고, 비타민 C와 미네랄은 피부에 생기를 더한다.
달콤하면서도 상큼한 한 잔으로 건강과 아름다움을 동시에 채워주는 레드 컬러의 활력 스무디.

Recipe

모든 재료를 블렌더에 넣어 곱게 갈아 마신다.

Tip.
생비트를 사용해도 좋지만 소화에 부담될 경우 살짝 익혀서 사용하면 더 부드럽게 즐길 수 있다.
아몬드 밀크를 넣고 꾸덕하게 갈면 핑크색 스무디볼로도 즐길 수 있다.
다양하게 토핑을 올려 먹어도 좋다.

Red Inner Beauty Energy Smoothie

48

자몽 오렌지 생강 스무디

Ingredients

자몽 2cup
오렌지 1cup
파인애플 1cup
알배추 1cup
코코넛 워터 1cup
생강 1조각
당 1T 아가베

달콤하면서도 새콤쌉싸름한 맛이 매력적인 자몽에 오렌지의 상큼함과 생강의 따뜻한 향을 더한 활력 스무디.

자몽은 과즙이 풍부하고 비타민 C, 칼륨, 구연산이 가득해 피로 회복과 면역력 강화에 효과적이며, 낮은 칼로리로 체중 조절에도 도움이 된다. 플라보노이드 성분은 혈액순환을 돕고 혈관 질환을 예방하며, 피부 탄력과 모발 건강에도 긍정적인 영향을 준다. 여기에 오렌지의 천연 단맛과 생강의 진저롤이 더해져 체온을 높이고 소화를 촉진하며 면역력을 한층 끌어올린다.

한 모금만으로도 상쾌하고 따뜻한 에너지가 퍼지는, 이 계절에 완벽한 클렌즈 스무디.

Recipe

모든 재료를 블렌더에 넣어 곱게 갈아 마신다.

Grapefruit Orange Ginger Smoothie

49

단감 밀크 스무디

Ingredients

기본:
단감 2개
사과 1개
시나몬 1/2tsp
바나나 1개
코코넛 워터 2cup

단감 밀크:
단감 2개
바나나 1개
양배추 1/2cup
시나몬 1/4t
아몬드 밀크 2cup

가을의 달콤함을 가득 담은 단감으로 만든 부드럽고 고소한 밀크 스무디. 아삭한 식감과 은은한 단맛이 매력적인 단감은 비타민 C 함량이 높아 면역력 강화와 감기 예방에 도움을 준다. 또한 카테킨 성분이 풍부해 항산화·항암 효과가 뛰어나며, 비타민 C와 함께 섭취하면 그 흡수율이 더욱 높아진다. 제철 과일 단감의 자연스러운 단맛에 고소한 식물성 밀크를 더해 부드럽고 풍성한 맛을 완성했다.
건강하게 달콤한 한 잔으로, 가을의 여운을 부드럽게 즐겨보자.

Recipe

모든 재료를 블렌더에 넣어 곱게 갈아 마신다.

Persimmon Milk Smoothie

50

피치 비트 블렌딩 스무디

Ingredients

비트 스무디:
비트 1/2cup
딸기 2cup
망고 1cup
액체 1/2cup

복숭아 스무디:
복숭아 3cup
코코넛 밀크 1/4cup
그릭요거트 1/2cup
바나나 1개
알룰로스 1T
캐슈너트 5-6개

달콤한 복숭아, 붉은빛의 비트, 상큼한 딸기와 망고가 어우러진 비타민 스무디.

복숭아는 수분과 비타민, 미네랄, 항산화제가 풍부해 면역력 강화와 피로 회복, 소화 개선에 도움을 주며, 수용성 식이섬유가 심혈관 건강과 장 기능 향상에도 효과적이다. 비트는 '붉은 보석'이라 불리며 베타인과 질산염 성분이 혈류를 원활하게 하고, 노폐물 배출과 혈압 조절에 도움을 준다. 여기에 딸기의 상큼함과 망고의 부드러운 단맛이 더해져 맛과 영양의 균형을 완성한다.

두 가지 색이 어우러진 블렌딩 레이어로 시각적 즐거움까지 더한, 보기에도 예쁘고 마셔도 건강한 데일리 에너지 스무디.

Recipe

모든 재료를 블렌더에 넣어 곱게 갈아 블렌딩해 마신다.

Peach Beet Blending Smoothie

51

파파야 코코넛 스무디

Ingredients

파파야 2cup
오렌지 1cup
애플망고 1cup
양배추 1cup
햄프시드 1T
마카다미아 10개
코코넛 워터 2cup
당 1T

부드럽고 달콤한 파파야와 고소한 코코넛 밀크가 어우러진 남국의 향기 가득한 스무디.

파파야에는 소화 효소 파파인이 풍부해 단백질 분해와 소화 기능 개선에 도움을 주며, 비타민 A·C와 카로티노이드가 풍부해 피부 탄력 유지와 시력 보호에도 효과적이다. 또한 항산화 성분이 활성산소를 억제해 노화 방지와 면역력 강화에 도움을 준다. 여기에 코코넛 밀크의 크리미한 질감이 더해져 부드럽고 포만감 있는 한 잔으로 완성된다.

열대의 달콤함을 그대로 담은 건강한 에너지 스무디.

Recipe

모든 재료를 블렌더에 넣어 곱게 갈아 마신다.

Tip.
파파야는 충분히 후숙해 주황빛이 되면 반으로 잘라 씨를 제거하고 섭취해야 한다.

Papaya Coconut Smoothie

52

석류 비트 오렌지 주스

Ingredients

석류 3cup
오렌지나 겨울 굴
(레드향 또는 황금향) 1cup
비트 1/2 cup
적양배추 1 cup
레몬 반 개

새콤달콤한 석류와 비트, 오렌지가 어우러져 여성에게 특히 더 좋은 건강 주스.

석류에는 천연 식물성 에스트로겐이 풍부해 여성 호르몬 균형에 도움을 주며, 비타민 C와 폴리페놀이 활성산소를 제거해 피부 탄력과 노화 방지에 효과적이다. 비트의 베타인 성분은 혈액 순환을 돕고 노폐물 배출을 촉진해 혈관 건강과 피로 회복에 유익하다. 오렌지의 상큼한 시트러스 비타민이 더해져 면역력 강화와 염증 완화에도 도움을 준다.

안토시아닌이 풍부한 적양배추를 함께 더하면, 한 잔으로 이너뷰티와 활력을 동시에 챙길 수 있다.

Recipe

1. 석류는 깨끗하게 세척한 뒤 칼집을 내 4등분하고 알맹이를 꺼내준다.
2. 모든 재료를 알맞은 크기로 손질해 착즙기에 천천히 넣어 착즙한다.
물이나 코코넛 워터를 추가해 블렌더에 함께 넣어 곱게 갈아 스무디로 마셔도 좋다.

Pomegranate Beet Orange Juice

Ingredients

파인애플 2cup
냉동 망고 2cup
코코넛 워터 1cup
코코넛 밀크 1cup

상큼한 파인애플과 달콤한 망고, 고소하고 부드러운 코코넛 밀크가 어우러진 트로피컬 스무디.

파인애플에는 소화 효소 브로멜라인이 풍부해 단백질 분해와 소화 기능 개선에 도움을 주며, 유기산과 구연산이 신진대사를 촉진하고 지방 축적을 억제해준다. 또한 풍부한 비타민 C와 항산화 성분이 활성산소를 제거해 피로 회복, 피부 건강, 면역력 강화에 효과적이다. 노폐물 배출과 혈관 건강에 도움을 주는 균형 잡힌 트로피컬 에너지 음료다.

망고의 천연 단맛과 코코넛 밀크의 크리미한 질감이 더해져 포만감은 물론, 이국적인 향까지 즐길 수 있는 한 잔.

Recipe

모든 재료를 블렌더에 넣어 곱게 갈아 마신다.

Tip.
냉동 파인애플이나 망고를 사용하면 슬러시처럼 먹을 수 있다.

Pine Mango Coconut Smoothie

Part 4.

곡물과 콩으로 채우는 한 잔

곡류, 콩, 뿌리채소로 만든 든든한 무첨가 건강 음료
부드럽고 담백한 영양 만점 한 끼 레시피

부드럽고 따뜻한 한 잔이 속까지 채워줍니다.
든든함이 필요할 땐 곡물 한 잔의 부드러움
콩과 곡식이 주는 단백질과 포만감을 느껴보세요.

54

감자 양배추 콜리플라워 오트 밀크

Ingredients

삶은 (익힌) 감자 2 cup
익힌 양배추 1cup
익힌 콜리플라워 1/2cup
오트 밀크 3 cup
당 1T 또는 천연꿀 1/2T
소금 1/4t

담백한 감자와 고소한 오트 밀크, 여기에 영양 가득한 양배추와 콜리플라워가 더해진 부드럽고 건강한 웰니스 음료.

감자는 비타민 C와 칼륨이 풍부해 면역력 강화와 노폐물 배출에 효과적이며 알칼리성 식품으로 위 점막을 보호해 위 건강에도 좋다. 양배추에는 비타민 U와 식이섬유가 풍부해 위산을 중화하고 위염, 위궤양 개선에 효과적이며, 콜리플라워는 비타민 K, C, 미네랄이 풍부해 항산화 작용과 체내 염증 완화에 도움을 준다. 따뜻하게 데우면 부드러운 스프처럼, 차갑게 마시면 든든한 식사 대용 음료로 즐기기 좋다.

속을 편안하게 다스려주는 편안한 소울푸드 한 잔.

Recipe

1. 감자와 양배추, 콜리플라워는 살짝 익혀서 준비한다.
2. 모든 재료를 블렌더에 넣어 곱게 갈아 마신다.

Potato Cabbage Cauliflower Oat Milk

55

비트 병아리콩 밀크 스무디

Ingredients

삶은 병아리콩 2cup
익힌 비트 1cup
아몬드 버터 2T
오트 밀크 3cup
코코넛 밀크 1/2cup
소금 1/4t

고소한 병아리콩과 은은한 단맛의 비트가 어우러진 영양 가득한 스무디.
당을 넣지 않아도 충분히 달콤하고 든든하며, 향긋한 코코넛 밀크와 아몬드
버터를 더해 부드럽고 깊은 풍미를 즐길 수 있다. 비트는 '땅속의 혈액, 혈관
청소부'라 불릴 만큼 빨간 파이토케미컬 베타인 성분이 풍부해 콜레스테롤
수치 개선, 간 해독, 혈관 건강 증진에 효과적이며, 심혈관 질환 예방에도 도
움을 준다. 병아리콩은 식물성 단백질과 식이섬유, 엽산, 미네랄이 풍부한
슈퍼푸드로 포만감과 혈당 조절에 좋고, 이소플라본과 사포닌 성분이 갱년
기 증상 완화, 항암 효과, 심혈관 질환 예방에 도움을 준다.
비트의 붉은 색감과 칙피의 고소함이 어우러져 건강한 에너지를 채워주는
단백질 스무디.

Recipe

1. 병아리콩은 8시간 정도 불려서 물 두배, 소금 1/4t를 넣고 20분 정도 부드러
워질 때까지 삶는다. 체반의 물기를 제외하고 사용한다.
2. 비트도 껍질을 제거하고 찜기에 익히거나 삶아서 준비한다.
3. 모든 재료를 블렌더에 넣어 곱게 갈아 마신다.

Tip.
차갑게 음료로 즐기거나 가볍게 끓여 따뜻한 수프로 즐겨도 좋다.

Beet Chickpea Milk Smoothie

56

검은콩 블루베리 두유 스무디

Ingredients

삶은 검은콩 2cup
검은콩 삶은 물 1/4cup
흑임자 가루 1T
두유 2cup
무가당 요거트 1/4cup
블루베리 1/2cup
바나나 1개
호두 10알

고소하고 담백한 검은콩에 상큼한 블루베리를 더해 맛과 영양을 동시에 챙긴 건강 스무디.

검은콩은 안토시아닌이 풍부해 강력한 항산화 효과를 지니며, 단백질과 식이섬유, 비타민, 미네랄이 풍부해 면역력 강화, 염증 완화, 혈관 건강에 도움을 준다. 특히 두피 혈류를 개선해 탈모 예방과 모발 건강에 좋은 식품으로 알려져 있다. 기본적으로 두유와 콩만으로도 충분히 부드럽고 진한 맛을 낼 수 있지만 흑임자 가루를 넣으면 한층 고소한 풍미를, 바나나를 더하면 자연스러운 단맛과 포만감을 더할 수 있다. 고소함과 상큼함이 조화된 에너지 단백질 스무디, 아침 식사나 운동 후 영양 보충용으로 제격이다. 블루베리의 안토시아닌과 비타민 C가 더해져 피부와 혈관 건강, 피로 회복에도 좋은 한 잔.

Recipe

1. 검은콩 1컵을 물에 8시간 정도 불려 물 두 배, 소금을 한 꼬집 넣어 중불로 올린다.
2. 끓으면 약불로 20분 정도 콩이 푹 익을 때까지 삶는다.
3. 삶은 검은콩은 체반에 받치고 걸러낸 검은콩물은 따로 보관한다.
4. 모든 재료를 블렌더에 넣어 곱게 갈아 마신다.

Tip.
콩은 충분히 식힌 뒤 물기를 제외하고 사용한다.
당도를 원하면 당을 1T 추가하되 농도는 취향에 맞게 액체로 조절한다.

Black Bean Blueberry Soy Smoothie

57

단호박 크림치즈 스무디

Ingredients

익힌(찐) 단호박 2cup
크림치즈 2T
피칸 10개
아몬드 밀크 2cup
시나몬가루 1/2tsp
넛맥 1/4tsp
알룰로스 1.5T

부드럽고 달콤한 단호박에 은은한 크림치즈의 풍미를 더해 디저트처럼 즐길 수 있는 스무디.

고소한 풍미에 시나몬 향이 은은하게 더해져 단호박 크림치즈 케이크를 마시는 듯한 느낌을 준다. 단호박은 천연의 달콤한 맛과 함께 식이섬유, 베타카로틴, 비타민 A·C가 풍부한 건강 식재료로, 면역력 강화와 눈 건강, 피부 개선에 좋다. 또한 소화를 촉진하고 장내 유익균을 활성화시켜 장 건강에도 효과적이다.

부드럽고 진한 질감으로 포만감이 높아 간단한 아침 식사나 영양 간식으로도 좋으며, 건강함과 달콤함을 동시에 느낄 수 있는 힐링 스무디.

Recipe

1. 단호박은 찜기에서 잘 익혀서 준비한다.
2. 모든 재료를 블렌더에 넣어 곱게 갈아 마신다.

Pumpkin Cream Cheese Smoothie

Ingredients

삶은 블랙 렌틸콩 2cup
연두부 1cup
오트 밀크 2cup
오트밀 2T
호박씨 1T
견과류 한 줌
소금 1/4t
당 1.5T

부드럽고 고소한 연두부에 단백질이 풍부한 블랙 렌틸콩을 더해 담백하고 든든하게 즐길 수 있는 단백질 스무디.

여기에 오트밀과 견과류를 함께 넣으면 포만감은 물론 풍미까지 한층 깊어진다. 블랙 렌틸콩은 식물성 단백질, 식이섬유, 미네랄, 철분이 풍부해 체중 조절, 면역력 강화, 혈액 건강에 좋은 슈퍼푸드다. 특히 폴리페놀과 베타카로틴 성분이 풍부해 체내 활성산소 제거와 항산화 작용에도 효과적이다.

연두부의 부드럽고 크리미한 질감이 더해져 부담 없이 즐길 수 있으며, 운동 전후 단백질 보충이나 아침 대용으로 완벽한 한 잔이다.

Recipe

1. 렌틸콩은 깨끗하게 씻은 뒤 콩 1: 물 2 비율로 냄비에 넣어 중약불에서 10~15분 정도 삶는다. 콩은 체반의 물기를 제거하고 사용한다.
2. 모든 재료를 블렌더에 넣어 곱게 갈아 마신다.

Tip.
블랙 렌틸콩을 다른 견과류로 대체해 사용해도 좋다.

Black Lentil Tofu Smoothie

Ingredients

양파 반 개
감자 1개
냉동 완두콩 3cup
올리브 오일 1T
버터 1조각
월계수잎 2개
아보카도 반 개
캐슈너트 1/4cup
(물에 미리 불려서 사용)
아몬드 밀크 1~1.5cup
레몬즙 1T

부드럽고 고소한 완두콩과 감자가 어우러진 크리미한 스프.
따뜻하게 즐기면 포근하고 든든하며, 차갑게 묽게 즐기면 건강한 식사 대용
음료로도 좋다. 완두콩은 식물성 단백질의 대표적인 공급원으로, 비타민 C
와 비타민 K, 철분, 식이섬유가 풍부해 면역력 강화, 뼈 건강, 혈액 순환 개
선에 도움을 준다. 감자는 비타민 C와 칼륨이 풍부해 피로 회복과 체내 나
트륨 배출을 돕는다.
담백하면서도 영양이 가득한 완두콩 감자 스프는 소화가 편안하고 포만감
이 오래 유지되는 영양 한 끼, 바쁜 하루에 부담 없이 즐기기 좋은 웜푸드.

Recipe

1. 양파와 감자는 슬라이스해서 준비한다.
2. 올리브 오일 1T, 버터 1조각 넣어 양파를 먼저 볶은 뒤 감자를 볶는다.
3. 냉동 완두콩은 미리 실온에서 해동한 뒤 2번 단계의 마지막에 넣고 같이 볶는다.
3. 물 2컵, 소금 1/4t, 월계수 2장을 넣고 중약블로 조절해 10분 정도 완두콩이
부드럽게 으깨질 정도로 삶는다.
5. 콩이 잘 익으면 한김 식혀 나머지 재료와 모두 함께 갈아서 다시 냄비로 옮긴
뒤 약불로 5~10분 정도 끓이고 마무리한다.

Creamy Pea & Potato Soup

60

팥 말차 밀크 스무디

Ingredients

삶은 팥 2cup
아몬드 밀크 4cup
땅콩버터 2T
마카다미아 15개
당 중에서 메이플시럽 3T 또는
알룰로스 4T
소금 1/2t
말차 가루 8g
따뜻한 물 60g

고소하고 달콤한 팥에 은은한 말차의 쌉싸름함이 조화롭게 어우러진 건강 스무디.

두 재료의 맛이 조화롭게 어우러져 든든하고 부드럽게 즐길 수 있다. 팥은 단백질, 식이섬유, 칼륨, 안토시아닌이 풍부한 콩류로, 체내 콜레스테롤 배출과 장 건강 개선에 도움을 준다. 또한 엽산과 칼륨이 나트륨 배출을 도와 혈압 조절에도 효과적이며, GI 지수가 낮아 혈당 상승을 완화하는 식품으로 알려져 있다. 말차는 카테킨과 엽록소가 풍부한 슈퍼푸드로, 항산화 작용과 지방 연소, 피로 회복에 도움을 준다.

부드러운 우유 베이스와 함께하면 한층 더 크리미하고 진한 풍미를 즐길 수 있으며, 아침 대용이나 오후 간식으로도 이상적인 에너지 스무디.

Recipe

1. 팥은 깨끗히 씻은 뒤 8시간 정도 불린다. 물을 2~3배 정도 넣어 센불에서 끓인 뒤 물을 한번 버리고(쓴맛 제거) 다시 물을 채워 중약불로 푹 삶는다. 삶은 팥은 체반에 받쳐 물기를 제외하고 사용한다.
2. 모든 재료를 블렌더에 넣어 곱게 간다.
3. 따뜻한물 60g에 말차 가루 8g을 넣어 곱게 잘 섞는다.
4. 팥과 블렌딩해 즐긴다.

Red Bean Matcha Milk Smoothie

61

초당옥수수 오트 밀크 스무디

Ingredients

찐 초당옥수수 1.5cup
인절미 콩가루 2T
오트 밀크 2cup
그릭요거트 2T
당 1T

달콤한 초당옥수수와 고소한 인절미 가루, 부드러운 오트 밀크가 어우러져 한 끼로도 든든한 천연 영양 음료.

은은한 단맛과 고소함이 조화되어 남녀노소 누구나 즐기기 좋은 맛이다. 옥수수는 비타민 B군, 루테인, 제아잔틴, 안토시아닌이 풍부한 곡류로, 시력 보호와 노화 방지, 피로 회복에 도움을 준다. 또한 풍부한 불용성 식이섬유가 장내 환경을 개선하고 체내 노폐물 배출과 혈당 조절에 효과적이다. 오트 밀크의 식이섬유와 단백질이 더해져 포만감이 높고, 칼슘과 미네랄이 풍부해 골다공증 예방과 뼈 건강에도 도움을 준다.

부드럽고 담백한 곡물의 풍미로, 아침 대용 또는 간식으로 즐기기 좋은 건강 스무디.

Recipe

1. 초당 옥수수는 전자렌지나 찜기에 3~5분 이내로 조리한 뒤 준비해놓는다.
2. 모든 재료를 블렌더에 넣어 곱게 간다.

Tip.
체반에 옥수수를 거르면 더욱 부드럽게 즐길 수 있다.

Sweet Corn Oat Milk Smoothie

62

흑임자 아몬드 밀크 스무디

Ingredients

흑임자가루 4T (25g)
바나나 1개
아몬드 밀크 2cup
아몬드 버터 1T
코코넛 밀크 1/2cup
햄프시드 1T
치아시드 1t
해바라기씨 1T
소금 1/4t

진한 고소함이 매력적인 흑임자와 부드러운 아몬드 밀크, 영양 가득한 넛버터와 견과류가 어우러진 스무디. 한 잔으로 포만감과 영양을 동시에 채울 수 있는 건강한 음료다.

아몬드 밀크는 식물성 우유로, 유당 불내증이 있는 사람도 부담 없이 즐길 수 있는 대체 우유다. 칼로리가 낮고 불포화지방, 비타민 E, 칼슘, 미네랄이 풍부해 심혈관 건강과 피부 개선에 도움을 준다. 흑임자는 '검은깨'로 불리며, 감마토코페롤과 안토시아닌이 풍부한 대표 블랙푸드다. 강력한 항산화 작용으로 노화 방지와 피부 탄력 유지에 도움을 주며, 비타민 E의 흡수를 돕는 역할도 한다. 또한 흑임자는 모발과 두피 건강에 좋은 식품으로, 꾸준히 섭취하면 탈모 예방과 모발 영양 공급에도 도움을 준다.

고소한 풍미와 크리미한 질감이 어우러진 흑임자 아몬드 스무디는 혈당 완화, 포만감, 항산화 케어까지 한 번에 챙길 수 있는 데일리 웰빙 드링크.

Recipe

모든 재료를 블렌더에 넣어 곱게 갈아 마신다.

Black Sesame Almond Milk Smoothie

63

밤 얼그레이 두유 스무디

Ingredients

따뜻한물 100ml
얼그레이 티백 2개
두유 2cup
찐밤 1cup
바닐라빈 파우더 1/4t
메이플시럽 1T
땅콩버터 1T

고소하고 달콤한 제철 밤에 담백한 두유, 향긋한 얼그레이의 풍미를 더한 부드러운 스무디. 은은한 홍차 향과 두유의 고소함이 어우러져 따뜻하고 편안한 맛을 선사한다.

가을이 제철인 밤은 찌거나 구워 먹는 것은 물론, 잼이나 디저트 재료로도 활용되는 영양 가득한 식품이다. 식이섬유와 비타민 C, 미네랄이 풍부한 가을 대표 영양식품이다. 소화를 돕고 피로를 회복시키며, 베타카로틴과 비타민 B군이 함유되어 면역력 강화와 눈 건강에도 좋다. 또한 천연 단맛이 있어 인공 감미료 없이도 깊은 풍미를 낸다.

얼그레이는 베르가못 향이 더해진 홍차로, 마음을 안정시키고 긴장을 완화해주는 효과가 있다. 홍차의 폴리페놀은 항산화 작용으로 노화를 늦추고 혈액 순환을 돕는다.

두유는 식물성 단백질과 이소플라본이 풍부해 콜레스테롤 수치 개선과 여성 건강, 뼈 건강 유지에도 좋다. 포만감을 오래 유지시키며 유당불내증이 있는 사람도 부담 없이 즐길 수 있다.

한 모금마다 가을의 풍미가 느껴지는 부드러운 건강 음료다. 고소한 밤의 단맛과 두유의 부드러움, 홍차의 은은한 향이 어우러져 몸과 마음을 편안하게 채워주는 한 잔의 가을 힐링 스무디.

Recipe

1. 따뜻한 물 100ml에 홍차 티백 2개를 3분 정도 우려낸다.
2. 우려낸 홍차와 두유, 찐밤, 당, 땅콩버터를 블렌더에 곱게 간다.
3. 곱게 간 액체를 섞어 냄비에 따뜻하게 끓여 즐긴다. 얼음을 넣어 시원하게 즐겨도 좋다.

Chestnut Earl Grey Soy Smoothie

Part 5.

오후 3시의 티 타임

힐링과 회복을 위한 허브티와 블렌딩티
몸과 마음을 동시에 돌보는 따뜻한 휴식

향기로운 찻잔 속에서 하루가 잠시 멈춥니다.
잠시 멈춰, 향기로 나를 돌보는 시간
몸과 마음을 다독이는 허브티 블렌딩 레시피

64

백차 계화 블렌딩티

Ingredients

백차 4g

계화꽃 1g

레몬머틀 2g

로즈 1g

오렌지(귤피) 2g

백차의 산뜻한 풀내음과 계화꽃의 달콤한 향, 레몬머틀의 상큼함이 어우러진 봄의 차.

은은한 은백색의 솜털이 매력적인 백차(白茶)는 '백모단'이라 불리며, 부드럽고 맑은 향으로 봄의 청량함을 떠올리게 한다. 항산화 성분이 풍부해 피로 회복과 면역력 강화, 노화 방지에 도움을 준다. 여기에 더해진 계화(桂花)는 따뜻한 성질로 혈액순환을 돕고 마음을 안정시키는 향기로운 꽃차로, 달콤하고 고운 향이 차 한 모금마다 기분을 환하게 만든다.

또한 레몬머틀의 풍부한 시트랄 성분은 레몬보다 10배 이상 강한 향을 내며, 비타민과 미네랄이 풍부해 피로 해소와 활력 회복에 좋다.

따뜻한 봄 햇살 아래, 백차 계화 블렌딩티 한 잔으로 몸과 마음이 깨어나는 싱그러운 봄의 에너지를 느껴보자. 푸릇한 봄의 기운을 닮은 향긋한 한 잔.

Recipe

1. 블렌딩티 2.5g을 뜨거운 물 300ml에 3분간 우린 뒤 즐긴다.
2. 블렌딩티 2.5g을 뜨거운 물 150ml에 3분간 우린 뒤 얼음을 넣어서 시원하게 즐겨도 좋다.

White Tea Osmanthus Blend

Ingredients

히비스커스 4g
루이보스 3g
로즈힙 2g
레몬그라스 1g

피부와 몸에 생기를 더해주는 비타민 차. 항산화 성분이 풍부한 히비스커스, 루이보스, 로즈힙, 레몬그라스를 블렌딩해 비타민과 미네랄을 공급하고, 건강한 이너뷰티를 채운다.

히비스커스는 고대 이집트에서 클레오파트라가 젊음과 아름다움을 유지하기 위해 즐겨 마셨다고 전해진다. 붉은 꽃잎 속 풍부한 비타민 C와 안토시아닌이 피로 회복, 혈액순환, 다이어트에 도움을 주며, 몸의 독소를 배출하고 활력을 불어넣는다. 루이보스는 카페인이 없는 항산화 허브티로, 플라보노이드 성분이 풍부해 피부 노화를 늦추고 혈관 건강을 돕는다. 또한 렙틴 성분이 체중 조절에 도움을 주며, 부드럽고 따뜻한 단맛이 기분을 안정시킨다. 로즈힙은 야생 장미의 열매로, 고대 잉카인들이 '젊음의 비약'이라 불렀다. 비타민 C, 철분, 리코펜, 베타카로틴이 풍부해 면역력 강화와 피부 재생에 도움을 준다. 여기에 레몬그라스의 상큼한 향과 살균·소화 촉진 효과가 더해져 상쾌함을 전한다.

내면의 활력과 피부의 빛을 동시에 채우는 한 잔의 이너뷰티 히비스커스 블렌딩티.

Recipe

1. 블렌딩티 2.5g을 뜨거운 물 300ml에 3분간 우린 뒤 즐긴다.
2. 블렌딩티 2.5g을 뜨거운 물 150ml에 3분간 우린 뒤 얼음을 넣어서 시원하게 즐겨도 좋다.

Inner Beauty Hibiscus Blend

66

마테 녹차 블렌딩티

Ingredients

마테 3g
작설 녹차 2g
귤피 3g
캐모마일 1g
페퍼민트 0.5g
로즈페탈 0.5g

여름철 수분을 보충하고 갈증을 해소하며, 체지방 분해와 활력을 돕는 건강한 블렌딩 티. 깔끔한 녹차의 향과 은은한 마테차의 풍미, 그리고 귤피와 캐모마일의 향긋함이 어우러진다.

남미의 전통 차인 마테차에는 카테킨, 비타민 C, 클로로겐산이 풍부하게 함유되어 있다. 이 성분들은 면역력 강화, 지방 분해, 신진대사 촉진에 도움을 주며, 체중 조절과 피로 회복에도 효과적이다. 또한 천연 카페인이 함유되어 있어, 커피보다 부드럽게 집중력과 활력을 높여준다.

제주 어린 찻잎으로 만든 녹차(작설차)는 부드럽고 고소한 향이 특징으로, 탄닌과 비타민이 풍부해 혈액순환 개선, 체내 독소 배출, 면역력 강화에 도움을 준다. 여기에 귤피의 산뜻한 시트러스 향과 캐모마일의 은은한 꽃향이 더해져, 마음까지 안정시키는 블렌딩으로 완성된다.

몸속의 순환을 깨우고, 여름의 갈증까지 달래주는 마테 녹차 블렌딩티.

Recipe

1. 블렌딩티 2.5g을 뜨거운 물 300ml에 3분간 우린 뒤 즐긴다.
2. 블렌딩티 2.5g을 뜨거운 물 150ml에 3분간 우린 뒤 얼음을 넣어서 시원하게 즐겨도 좋다.

Maté Green Tea Blend

67

쿨 민트 블렌딩티

Ingredients

녹차 4g
페퍼민트 2g
스피아민트 1.5g
귤피 2.5g

머리를 맑게, 마음을 시원하게! 싱그러운 민트와 상큼한 귤피, 은은한 녹차의 조화로 무더운 계절에도 청량하게 즐길 수 있는 블렌딩티.

페퍼민트와 스피아민트가 주는 시원한 멘톨 향은 머리를 맑게 하고 긴장을 완화시켜준다. 멘톨과 로즈마린산이 체내 열을 식히고 두통·어지럼증 완화, 소화 촉진, 피로 회복에 도움을 준다. 스피아민트는 은은한 단맛과 향긋한 청량감으로 긴장 완화, 신경 안정, 면역력 강화에도 효과적이다. 녹차의 주요 성분인 카테킨은 노폐물 배출, 혈중 지방 축적 억제, 체지방 분해에 도움을 주며, 귤피는 풍부한 비타민 C와 식이섬유로 면역력 향상, 감기 예방, 항산화 작용에 탁월하다.

따뜻하게 우려 마시면 편안함이, 얼음을 더해 민트 레몬 에이드로 즐기면 상쾌함이 더해진다. 몸과 마음 모두 맑고 청량하게 정화되는 순간을 느낄 수 있는 쿨 민트 블렌딩티.

Recipe

1. 블렌딩티 2.5g을 뜨거운 물 300ml에 3분간 우린 뒤 즐긴다.
2. 블렌딩티 2.5g을 뜨거운 물 150ml에 3분간 우린 뒤 얼음을 넣어서 시원하게 즐겨도 좋다.

Cool Mint Tea Blend

Ingredients

생로즈마리 3개
생레몬 슬라이스 2개
레몬그라스 3g
캐모마일 3g
로즈힙 4g

은은한 허브 향과 상큼한 시트러스의 조화로 몸과 마음에 생기를 불어넣는 상쾌한 힐링 티.

레몬은 비타민 C의 대표 과일로, 혈액순환을 촉진하고 노폐물 배출과 피로 회복에 도움을 준다. 또한 면역체계를 강화해 계절성 피로와 스트레스 완화에도 효과적이다. 로즈마리는 꿀풀과의 여러해살이 허브로 따뜻한 성질을 지니며, 기억력과 집중력 향상에 도움이 되는 허브로도 잘 알려져 있다. 풍부한 베타카로틴과 항산화 물질이 세포 노화를 늦추고, 피부 미용·혈액순환·두통 완화에도 효과적이다. 향기로운 로즈마리의 진정 효과는 신경과민과 불면 개선에도 도움을 준다. 여기에 레몬그라스의 산뜻한 향이 피로를 풀고 소화를 돕고, 로즈힙의 풍부한 비타민 C가 피부 활력과 면역력까지 채워준다. 따뜻하게 우려 마시면 편안한 휴식이, 차갑게 즐기면 생기 가득한 리프레시 타임이 된다. 로즈마리 레몬티 한 잔으로 몸의 순환과 마음의 평온을 함께 느낄 수 있다.

상큼한 향과 밝은 색감이 마음까지 깨워주는 비타민 티.

Recipe

1. 생로즈마리, 레몬 슬라이스, 블렌딩티 5g과 뜨거운 물 600~800ml를 찻주전자에 모두 넣어 10분 정도 우려내 마신다.
2. 얼음을 추가해 시원하게 즐겨도 좋다.

Stress-Free Rosemary Lemon Tea

Ingredients

라벤더 3g

캐모마일 4.5g

레몬밤 1g

로즈페탈 1g

콘플라워 0.5g

라벤더·캐모마일·레몬밤이 어우러진 부드러운 허브 블렌딩으로 심신의 긴장을 풀고 숙면을 돕는 편안한 티.

라벤더는 은은하고 풍부한 향기로 긴장과 스트레스를 완화하며, 향의 주요 성분인 리날올과 아세트산리날릴이 신경 안정과 수면 유도에 탁월한 효능을 보인다. 하루의 피로와 불안한 마음을 진정시켜 숙면을 돕는 대표 허브.

캐모마일은 부드러운 사과향이 나는 따뜻한 허브로, 신경계를 안정시키는 아피제닌 성분이 함유되어 스트레스를 완화하고 편안한 수면을 유도한다. 또한 비사보롤 성분이 위장을 진정시켜 소화불량, 복통 개선에도 도움을 주며, 항염 효과로 면역력 향상에도 긍정적이다.

레몬밤은 상큼한 향과 함께 진정 작용이 뛰어나 유럽에서는 오래전부터 천연 수면 허브로 사랑받아왔다. 멜리사산과 항산화 성분이 마음의 긴장과 불안을 완화하고, 염증 완화 및 소화 개선에도 도움을 준다.

따뜻한 물에 라벤더와 캐모마일, 레몬밤을 우려낸 스위트드림 블렌딩티 한 잔으로 하루의 피로를 내려놓고, 편안한 밤의 휴식과 깊은 잠을 만나보자. 지친 하루의 끝, 마음을 편안히 감싸주는 향기로운 휴식 한 잔.

Recipe

1. 블렌딩티 2.5g을 뜨거운 물 300ml에 3분간 우린 뒤 즐긴다.
2. 블렌딩티 2.5g을 뜨거운 물 150ml에 3분간 우린 뒤 얼음을 넣어서 시원하게 즐겨도 좋다.

Sweet Dream Lavender Blend Tea

Ingredients

우롱찻잎 6g
자스민플라워 2g
레몬머틀 2g

은은한 꽃 향과 깊은 풍미가 어우러진 힐링 블렌딩티. 우롱차, 자스민 꽃, 레몬머틀이 조화롭게 어우러져 부드럽고 향긋한 한 잔의 여유를 선사한다.

우롱차는 녹차와 홍차의 중간 단계인 반발효차로, 풍부한 향과 깔끔한 맛이 특징이다. 카테킨, 폴리페놀, 비타민, 미네랄 성분이 풍부해 체내 콜레스테롤 수치 개선, 노폐물 배출, 체지방 분해에 도움을 준다. 또한 L-테아닌 성분이 뇌를 안정시켜 스트레스 완화와 집중력 향상에도 효과적이다.

자스민 꽃차는 달콤하고 부드러운 꽃향기로 마음을 진정시키며, 신경계에 작용해 긴장 완화와 불안 해소에 도움을 준다. 몸을 따뜻하게 해주어 혈액 순환을 촉진하고 면역력을 강화하는 데에도 좋다.

여기에 더해진 레몬머틀은 상큼한 시트러스 향을 더해 마시기 전 향만으로도 기분을 환기시켜 준다.

하루의 중간, 향긋한 꽃향기와 함께 마음의 온도를 낮추는 시간. 우롱 자스민 플라워티 한 잔으로 몸과 마음을 동시에 다스려보자.

Recipe

1. 블렌딩티 2.5g을 뜨거운 물 300ml에 3분간 우린 뒤 즐긴다.
2. 블렌딩티 2.5g을 뜨거운 물 150ml에 3분간 우린 뒤 얼음을 넣어서 시원하게 즐겨도 좋다.

Oolong Jasmine Flower Blend Tea

Ingredients

허니부시 4g
엘더플라워 3g
시나몬 1g
카다멈 0.5g
스타아니스 0.5g
귤피 또는 오렌지필
0.5
레몬머틀 0.5

따뜻한 향과 은은한 단맛으로 몸과 마음을 회복시키는 면역 강화 블렌딩티. 가을과 겨울, 찬 바람 속에서도 몸의 온기를 지켜주는 한 잔의 건강한 휴식. 허니부시(Honeybush)는 남아프리카의 청정 지역에서 자라는 식물로, 이름처럼 꿀향이 감도는 부드럽고 달콤한 향이 특징이다. 카페인이 없어 늦은 시간에도 부담 없이 즐길 수 있으며, 풍부한 비타민, 폴리페놀, 항산화 성분이 면역 체계를 강화하고 피부 노화를 완화하는 데 도움을 준다. 남아프리카에서는 예로부터 허니부시를 감기나 기관지염의 천연 약재로 사용해왔으며, 항염 작용과 진정 효과로 피로와 염증 완화에 효과적이다.

엘더플라워(Elderflower)는 '자연의 약상자'라 불릴 만큼 오랜 세월 면역 강화 허브로 사랑받아왔다. 고대 그리스의 히포크라테스는 엘더나무를 "가장 훌륭한 천연 치료제"로 기록했다. 은은한 달콤한 향기와 함께 호흡기 건강, 감기 완화, 스트레스 진정에 도움을 주며, 피부 보습과 항염 작용으로 아름다움과 건강을 함께 지켜준다. 여기에 시나몬, 카다멈, 스타아니스 같은 따뜻한 향신료가 더해져 몸의 체온을 높이고 소화기관을 따뜻하게 보호한다. 따뜻한 향과 부드러운 단맛이 어우러진 허니부시 엘더플라워 블렌딩티는 찬 계절, 몸과 마음에 포근한 온기와 휴식을 선물하는 완벽한 티타임 블렌드다.

Recipe

1. 블렌딩티 2.5g을 뜨거운 물 300ml에 3분간 우린 뒤 즐긴다.
2. 블렌딩티 2.5g을 뜨거운 물 150ml에 3분간 우린 뒤 얼음을 넣어서 시원하게 즐겨도 좋다.

Honeybush Elderflower Blend Tea

Ingredients

홍차 5.5g

생강 1g

카다멈 1g

오렌지필 1g

시나몬 0.5g

스타아니스 0.5g

클로브 정향 0.5g

깊고 진한 향신료의 풍미와 달콤한 우유 향이 어우러진, 몸과 마음을 녹여 주는 인도의 대표 블렌딩티. 겨울이 되면 유독 생각나는 따뜻한 향의 차.

차이(Chai)는 인도에서 유래된 전통 밀크티로, 홍차에 시나몬, 생강, 카다멈, 정향, 스타아니스 등의 향신료를 더해 달콤하면서도 매운 맛의 조화로움을 느낄 수 있는 음료다. 추운 계절, 차이 한 잔은 몸의 온도를 높이고 피로를 풀어주는 따뜻한 자극을 선사한다.

차이의 기본 베이스인 홍차는 풍부한 폴리페놀과 항산화제가 들어 있어 활성산소를 억제하고 면역력 향상에 도움을 준다. 또한 카페인과 L-테아닌의 조화는 정신을 맑게 하면서도 마음을 안정시켜준다.

함께 블렌딩되는 생강과 시나몬은 몸의 혈액순환을 촉진하고 체온을 유지시켜주며, 소화를 도와 위장을 편안하게 해준다. 이 향신료들의 항염·항균 작용은 감기 예방과 염증 완화에도 도움을 준다.

카다멈은 입안을 상쾌하게 정리해주며, 정신적 긴장을 완화시키는 천연 아로마 효과로 스트레스 감소에도 좋다.

차이는 블랙티 베이스에 꿀이나 우유, 식물성 밀크를 더해 즐기면 보다 부드럽고 향긋한 풍미를 느낄 수 있다. 또, 좋아하는 향신료를 가감해 나만의 개성 있는 홈 블렌딩으로 확장할 수도 있다.

깊고 풍부한 향신료의 온기가 전해지는 한 잔. 인디언 차이 블렌딩티는 차가운 겨울, 몸과 마음을 따뜻하게 어루만져주는 완벽한 티타임의 동반자다.

Recipe

1. 블렌딩티 2.5g을 뜨거운 물 300ml에 3분간 우린 뒤 즐긴다.
2. 블렌딩티 2.5g을 뜨거운 물 150ml에 3분간 우린 뒤 얼음을 넣어서 시원하게 즐겨도 좋다.

Indian Chai Blend Tea

73

발효 음료 콤부차

Ingredients

홍차 또는 녹차
사탕수수 원당
스코비
1차 발효 콤부차 원액
생수 1.5L
유리병
통풍이 잘되는 천
고무줄

콤부차는 당을 넣은 찻물에 유익균을 넣어 발효한 '발효차(Fermentation Tea)'로, 톡 쏘는 산미와 부드러운 단맛이 어우러진 음료다. 발효 과정에서 자연적으로 발생하는 은은한 탄산감 덕분에 홍초나 주류에 비유되기도 하며, 탄산음료를 대신할 수 있는 천연 웰빙 드링크로 사랑받고 있다.

콤부차는 홍차나 녹차를 베이스로, 스코비(SCOBY, 발효균막)와 사탕수수 원당을 함께 발효하여 만들어진다. 이 과정에서 프로바이오틱스, 효소, 유기산, 폴리페놀 등 우리 몸에 이로운 발효산물이 다량 생성되어 자연 그대로의 건강함을 담아낸다. 가장 큰 효능은 소화기관과 장 건강 개선이다. 유산균과 효소가 풍부해 장내 유익균의 균형을 맞추고 소화를 원활하게 돕는다. 또한 항산화 물질과 비타민 B군, 유기산이 풍부하여 체내 활성산소를 제거하고 독소를 배출, 면역 체계를 강화한다. 콤부차 속의 아세트산은 식초와 비슷하게 작용해 신진대사를 촉진하고 지방 분해를 도와 체중 조절에도 좋다. 새콤달콤한 자연 발효의 탄산이 몸속 균형을 깨운다.

Recipe

1. 콤부차 발효에 사용할 유리병과 사용 도구를 세척하고 소독한다.

2. 유리병에 따뜻한 물 1000ml, 찻잎 4g을 넣어 5~7분 우린 뒤 찻잎을 제거한다.

3. 우린 찻물에 원당 약 80g을 넣어 완전히 녹인 뒤 충분히 식힌다.

4. 찻물이 30도 이하로 식은 뒤, 스코비 1장, 1차 발효된 콤부차 원액 200ml 정도를 함께 넣는다.

5. 공기가 통하는 천으로 유리병 윗면을 고무줄이나 끈으로 고정해 준 뒤, 직사광선이 없고 공기가 통하는 실온에서 발효시킨다. (실온 온도 24~29도 / 발효 7~10일 이내. 계절에 따라 변동) 찻물의 표면에 반투명한 새로운 스코비가 적당한 두께로 생성되고, 맛을 보았을때 적당히 새콤달콤하면 취향에 맞게 1차 발효를 완료한다.

6. 완료된 1차 발효 콤부차 액은 그대로 마시거나 밀폐 유리병에 담아 냉장고에 보관한 뒤 시원하게 즐길 수 있다.

7. 2차 발효를 할 경우, 밀폐 유리병에 1차 발효가 완료된 콤부차와 과일, 허브, 향신료 등을 넣어 2~5일 발효(실온) 후 내용물을 걸러낸 콤부차를 냉장 보관한다. 이 과정에서 탄산과 함께 다양한 맛의 콤부차를 즐길 수 있다. (2차 발효시 당이 많은 과일이 들어가거나, 모서리가 각진 밀폐병은 터질수 있으니 주의!)

Fermented Tea Kombucha

Part 6.

냠냠 건강 스낵

자연식으로 즐기는 건강한 홈메이드 간식
식사보다 간편하게, 디저트보다 가볍게!

작은 한 입이 일상의 균형을 만들어줍니다.
자연 재료를 조합해 만든 간단하지만 영양 가득한 간식 레시피

74

그릭요거트 베리 바크

Ingredients

그릭요거트 200g
천연꿀 1T
토핑 (블루베리, 딸기,
견과류)
유산지

상큼한 그릭요거트와 베리, 견과류를 얼려 즐기는 간식이다. '바크(Bark)'는 나무껍질이라는 뜻으로, 나무껍질처럼 얇게 펴 굳힌 간식을 의미하며 손으로 툭 부러뜨려 먹는 형태가 특징이다. 즉, 그릭요거트 베리 바크는 요거트를 얇게 펴서 얼린 뒤 베리류와 견과류를 올려 만든, 시원하고 바삭한 식감의 간식이다.

그릭요거트는 유청을 걸러내 농축시킨 요거트로 단백질과 칼슘이 풍부하고 포만감이 오래 지속된다. 유산균이 풍부해 장 건강과 면역력 강화에도 도움을 주고, 얼려 먹으면 아이스크림처럼 시원하고 부드럽게 즐길 수 있다. 베리류의 상큼함과 견과류의 고소함이 어우러져 영양도 맛도 균형 잡힌 간식으로, 가볍게 즐길 수 있는 건강 디저트.

Recipe

1. 그릭요거트에 꿀을 넣어 잘 섞는다.
2. 트레이나 넓은 밀폐 용기를 준비하고 유산지 위에 그릭요거트를 올린 뒤, 선호하는 베리와 견과류를 토핑으로 올린다.
3. 윗면을 랩이나 뚜껑을 덮어 밀폐해 냉동실에 완전히 얼린 뒤, 손이나 칼로 잘라 용기에 냉동 보관하며 간식으로 꺼내 먹는다.

Tip.
치아시드 딸기잼 2T를 섞어서 만들어도 맛있게 즐기기 좋다.
기타 저당 잼, 콩포트 등 다양한 잼을 활용해 만들어볼 수 있다.

Greek Yogurt Berry Bark

Tantalus (Ancient Greek: Τάνταλος Tántalos) was a Greek figure, most famous for his eternal punishment in Tartus. He was ...to stand in a pool of water... ...fruit tree with low... ...the fruit ever e... ...water ... ...he could ta... ...father o... ...as, and ... ...the nym... Thus, like other heroes... ...mythology such as Tb... the Dioskouroi, Tant... a hidden, divine pa... mortal one.

75

홈메이드 저당 그래놀라

Ingredients

롤드 오트밀 2cup (200g)

알룰로스 1/2cup 80g

코코넛오일 40g

견과류 2cup(250g)

(피칸, 아몬드, 호두,

마카다미아, 호박씨 등등)

땅콩버터 1T

시나몬 파우더 2g

소금 3g

건과일

요거트, 스무디, 우유 등과 함께 즐기기 좋은 건강한 식사 대용 간식이다. 시중의 그래놀라는 당 함량이 높아 칼로리가 높은 편이지만, 직접 만드는 홈메이드 그래놀라는 재료를 취향대로 조합해 훨씬 건강하게 즐길 수 있다. 주재료인 통곡물 귀리는 식이섬유, 마그네슘, 비타민, 미네랄이 풍부해 포만감을 오래 유지시키고 천천히 소화되어 혈당을 안정적으로 유지하는 데 도움이 된다. 각종 견과류는 불포화지방과 단백질이 풍부해 영양 밸런스를 더한다.

고소하고 담백한 풍미에 당을 낮춘 홈메이드 그래놀라는 그대로 단독으로 먹어도 좋고, 요거트나 과일, 스무디 위에 올려 그래놀라 볼로 만들어도 든든하고 맛있다.

Recipe

1. 코코넛오일, 땅콩버터, 알룰로스, 소금, 시나몬 파우더를 섞는다.

2. 오트밀에 모든 재료를 넣어 잘 섞는다.

3. 종이호일 또는 테프론 시트를 팬에 펼치고 150-160도로 40분 굽는다. (집마다 오븐 온도가 다르니 색깔을 잘 확인하며 굽는다.)

4. 10~15분마다 꺼내 잘 섞어준다.

5. 건과일은 마무리 5분 전 넣는다.

6. 충분히 식힌 후 밀폐 용기에 보관하며 즐긴다.

7. 그릭요거트 또는 스무디볼에 다른 토핑과 함께 즐기면 다양한 영양소와 함께 맛있게 즐길 수 있다.

Homemade Low Sugar Granola

Ingredients

블루베리 1cup
바나나 1개
오트밀 1/2cup
아몬드 밀크 1/2cup
토핑
(땅콩버터 1T
블루베리
바나나 슬라이스
햄프시드 1t
카카오닙스 1t)

오버나이트 오트밀은 귀리를 우유나 요거트, 식물성 밀크 등에 밤새 불려 아침에 바로 꺼내 든든하게 즐길 수 있는 간편한 식사대용 메뉴.
밤사이 재워두면 귀리가 부드럽게 숙성되어 자연스러운 단맛과 고소함이 더해지고, 바쁜 아침엔 그대로 꺼내 먹거나 보틀에 담아 도시락처럼 챙겨 먹어도 좋다.
세계적인 슈퍼푸드로 꼽히는 통곡물 귀리는 단백질과 식이섬유가 풍부해 포만감을 오래 유지시켜주고 혈당을 안정적으로 조절해준다. 블루베리의 상큼함과 천연 항산화 성분이 더해져 몸의 활력을 채워주며 맛과 영양 모두를 만족시킨다.
간단하면서도 영양이 가득한 오버나이트 오트밀은 다양한 과일, 견과류, 치아시드 등을 함께 조합해 나만의 슈퍼볼로 즐기기 좋다.

Recipe

1. 냉동 블루베리 1cup을 실온에서 해동한 뒤 바나나 1개를 잘라 준비해둔다. (블렌더에 갈아도 좋다.)
2. 밀폐 용기에 블루베리 바나나를 함께 포크로 으깨고 오트밀, 아몬드 밀크를 잘 섞어 밤 사이 재워둔다.
3. 저녁에 만든 오버나이트 블루베리 오트를 다음 날 아침에 볼에 담는다.
4. 블루베리, 바나나, 햄프시드, 카카오닙스, 땅콩버터 등의 토핑을 올려 즐긴다.

Overnight Oats Blueberry Bowl

Ingredients

삶은 퀴노아 1cup
치아시드 1/4cup
호박씨 1/2cup
해바라기씨 1/2cup
햄프시드 1/4cup
아마시드 1/4cup
소금 1g
메이플 시럽 1/4cup
코코넛오일 2T

다양한 시드와 곡물을 활용한 건강한 크래커. 그냥 간식으로 먹어도 좋고 요거트나 우유와 함께 그래놀라처럼 즐기기에도 좋다. 바삭한 식감과 고소한 맛이 어우러져 식사대용으로도 손색이 없다.

퀴노아는 쌀보다 단백질 함량이 2배 이상 높은 식물성 단백질 공급원으로, '슈퍼 곡물'이라 불릴 만큼 영양소가 풍부하다. 혈당 수치를 안정시켜 당 조절에 도움을 주며 칼슘이 풍부해 뼈 건강에도 좋다. 식이섬유와 미네랄이 풍부해 장 활동을 돕고 포만감을 오래 유지시켜 다이어트 식품으로도 적합하다.

또한 퀴노아에 함유된 셀레늄과 비타민 E는 활성산소를 제거하고 세포 손상을 막아주는 항산화 작용으로 암 예방에도 도움을 준다.

퀴노아 외에도 치아시드, 호박씨, 아마시드 등 다양한 슈퍼푸드를 조합해 더욱 고소하고 영양 가득한 홈메이드 크래커로 즐겨보자.

Recipe

1. 퀴노아 1컵을 체반에 넣어 깨끗하게 씻는다.
2. 세척한 퀴노아를 냄비에 넣어 올리브 오일 1t, 소금 1/4t를 넣어 살짝 타닥 소리가 나듯 볶는다.
퀴노아는 삶아서 구우면 더 부드러운 식감으로 즐길 수 있습니다.
3. 물 2컵을 넣고 10~15분 정도 수분이 증발할 정도로 삶는다. 5분 더 뜸들이듯 남은 수분을 날린 뒤 충분히 식힌다.
4. 식힌 퀴노아와 나머지 재료를 모두 혼합한다.
5. 유산지 또는 테프론 시트를 팬 위에 깔고 얇게 편다.
6. 160도 예열된 오븐에 30분 굽고 뒤집어 10분 굽고 식힌다.
7. 충분히 식혀 밀폐용기에 담아 즐긴다.

Tip.
퀴노아는 삶아서 구우면 더 부드러운 식감으로 즐길 수 있다.

Quinoa Super Seed Cracker

Ingredients

딸기 200g
레몬즙 1t
알룰로스 80g
치아시드 1T

영양 가득한 치아시드를 활용한 저당 딸기잼은 요거트, 스무디, 오트밀, 토스트 등 어디에나 곁들여 즐길 수 있는 건강한 잼이다. 자연스러운 단맛과 함께 치아시드의 젤리 같은 식감이 어우러져 포만감도 높다.

치아시드는 작지만 단백질, 섬유질, 오메가-3 지방산, 칼슘 등 다양한 영양소가 풍부하게 함유된 슈퍼푸드다. 식이섬유가 풍부해 장의 연동운동을 돕고 변비 개선에 효과적이며, 혈당 상승을 완화해 혈당 조절에도 도움을 준다. 또한 토코페롤과 항산화 성분이 풍부해 피부 탄력과 세포 노화 방지에도 좋다.

상큼한 제철 딸기와 치아시드를 함께 조합한 저당 잼은 건강한 단맛과 영양을 동시에 챙길 수 있는 홈메이드 레시피다. 오트밀 위에 올리거나 요거트와 함께 곁들여 간편하고 든든하게 즐겨보자.

Recipe

저당 치아시드 딸기잼
1. 보관 용기는 소독 후 준비한다. (200g 유리병)
2. 딸기는 슬라이스 하고, 레몬즙, 알룰로스, 치아시드를 냄비에 넣어 중불에서 약불로 조절해 수분이 날라갈 정도로 끓인다.
3. 소독된 병에 담아 보관한다.

딸기 오트밀 요거트
1. 그릭요거트나 무첨가 요거트를 준비한다.
2. 전날밤 오트밀 1/2cup를 요거트 1cup에 섞어서 재운다.
3. 요거트 오트밀 딸기잼을 블렌딩해 담고 딸기 토핑과 그래놀라 토핑을 올려 즐긴다.

Tip.
스무디볼에 올려서 즐겨도 좋다.
당도를 원하면 당을 1T 추가하되 농도는 취향에 맞게 액체로 조절한다.

Low Sugar Chia Seed Strawberry Jam / Strawberry Oatmeal Yogurt

초콜릿 땅콩버터 바나나 바크

Ingredients

바나나 2개
땅콩버터 3T
다크초콜릿 50g
코코아 가루 1T
코코넛 오일 1t
시나몬 가루 1/2tsp

바나나의 달콤함과 진한 초콜릿, 고소한 땅콩버터가 어우러진 건강 간식. 쌉싸름한 초콜릿 위에 바삭한 견과류를 올리고 소금 한 꼬집을 더해 단짠의 조화를 즐길 수 있다. 냉동실에 보관해두면 든든한 에너지바처럼 언제든 꺼내 먹기 좋은 간식이 된다.

카카오 가루에는 폴리페놀 성분이 풍부해 혈관 기능 개선과 콜레스테롤 수치 조절에 도움을 주며, 항산화 작용으로 피로를 완화한다. 또한 염증을 줄이고 식욕 조절에 도움을 주어 체중 관리에도 긍정적인 영향을 준다.

땅콩버터는 불포화지방산과 단백질이 풍부해 포만감을 오래 유지시켜주며, GI 지수가 낮아 혈당 조절에도 도움을 준다.

초콜릿 땅콩버터 바나나 바크는 자연 재료로 만들어 부담 없이 즐길 수 있는 단백질 스낵으로, 달콤하지만 건강하게 에너지를 채워준다.

Recipe

1. 바나나 2개를 슬라이스해서 트레이 위에 올려준다.
2. 바나나 위에 땅콩버터 3T 잘 펴서 바른다.
3. 다크초콜릿, 코코넛오일을 전자렌지에 녹여 코코아가루, 시나몬가루를 잘 섞어준다.
4. 2번 위에 잘 펼쳐서 올린 뒤 견과류 1봉을 으깨어 초콜릿 위에 올리고 바다소금을 뿌려서 마무리한다.
5. 냉동실에서 반나절 굳힌 후 잘라서 밀폐 용기에 보관하며 하나씩 꺼내서 즐긴다.

Chocolate Peanut Butter Banana Bark

Ingredients

드레싱:
올리브오일 4T
발사믹식초 1T
간장 1t
애플사이다비니거 1T
레몬즙 1T
알룰로스 1t
마늘 1t
다진양파 2T
땅콩버터 1t
후추 소금

요거트 드레싱:
무가당 요거트 5T
올리브오일 3T
레몬즙 2T
알룰로스 1t
스리라차 1t
소금
후추

건강한 식습관과 간편함을 모두 챙길 수 있는 보틀 샐러드는 요즘 많은 이가 즐겨 찾는 밀프랩(Meal Prep)의 대표적인 형태다. 하루 한 끼를 가볍고 영양 가득하게 챙기고 싶을 때, 미리 재료를 준비해 병에 담아두면 언제든 바로 꺼내 먹을 수 있다.

'밀프랩(Meal + Preparation)'은 식사를 미리 준비해두고 필요할 때 하나씩 꺼내 먹는 식사 관리 방법을 말한다. 샐러드 보틀은 탄수화물, 단백질, 지방이 균형 잡힌 구성이 이상적이다. 예를 들어, 탄수화물은 고구마나 곡물, 단백질은 닭가슴살이나 달걀, 콩류, 지방은 아보카도나 견과류를 활용하면 영양 밸런스가 잘 맞는다.

취향에 따라 드레싱을 조합해 나만의 레시피로 완성해보자. 바쁜 일상 속에서도 건강하고 맛있는 한 끼가 된다.

Recipe

1. 원하는 채소와 단백질 재료를 층층이 담는다.
2. 드레싱을 넣어 먹기 직전에 섞으면 신선하게 즐길 수 있다.

Ingredients

고구마 50g
바나나 반 개
두유 30g
오트밀 2T
계란 1개
땅콩버터 1t
아몬드가루 2T
코코아가루 2T
알룰로스 1T
소금 1/4t

고구마의 자연스러운 단맛과 초콜릿의 풍미가 어우러진 건강한 미니 머핀. 집에 있는 재료들로 간단하게 만들 수 있고 전자레인지에 3분이면 완성되는 초간편 레시피다.

고구마, 바나나, 두유, 계란 등 영양 가득한 재료를 활용해 당은 낮추고 단백질과 식이섬유를 더한 건강 간식이다. 고구마의 포슬포슬한 식감과 달콤한 맛, 초코의 진한 풍미가 조화되어 디저트처럼 즐길 수 있다.

밀가루 대신 단백질 가루나 오트밀가루를 활용하면 좀 더 담백하고 포만감 있는 식사대용 머핀으로도 좋다.

기분 좋은 달콤함과 건강함을 함께 채워주는 홈메이드 미니 케이크.

Recipe

1. 고구마, 바나나를 그릇에 담아 으깬다. (블렌더에 모든 재료를 넣어 갈아도 좋다.)
2. 나머지 재료를 모두 넣고 전자레인지 용기에 담아 3분간 돌린다.

Sweet Potato Chocolate Muffins

병아리콩 브라우니

Ingredients

삶은 병아리콩 2cup
계란 2개
두유 1/2cup 90g
에리스리톨 70g
알룰로스 40g
카카오 버터 60g
카카오 파우더 50g
베이킹 파우더 2g
소금 2g

밀가루 없이도 충분히 맛있고 진한 브라우니. 고소한 병아리콩을 베이스로 만들어 단백질과 식이섬유가 풍부한 건강한 간식이다.

병아리콩, 계란, 두유, 카카오 버터, 카카오파우더를 섞어 부드럽고 촉촉한 식감의 브라우니를 완성한다. 단맛은 최소화하고, 천연 재료의 고소함과 카카오의 쌉싸름함을 살려 식사 대용이나 다이어트 간식으로도 좋다.

단백질을 보충하면서도 달콤함을 포기하지 않은 균형 잡힌 홈메이드 브라우니는 한 조각만으로도 든든하고 만족스러운 건강 디저트가 된다.

Recipe

1. 병아리콩은 8시간 물에 담근 뒤 물 3컵을 넣고 중약불로 푹 삶아 물기를 제거하고 준비해둔다.
2. 삶은 병아리콩, 두유를 넣어 블렌더에 간다.
3. 계란 풀고 에리스리톨, 알룰로스, 소금을 넣고 버터 녹여 넣은 뒤 섞어준다.
4. 1,2번을 혼합하고 카카오분말 베이킹파우더를 넣어 잘 섞는다.
5. 베이킹 틀에 잘 펴서 붓는다.
6. 165도로 예열된 오븐에 25~30분간 굽는다.

Chickpea Brownie

그린 홈카페 레시피

초판 1쇄 인쇄 2025년 10월 27일
초판 1쇄 발행 2025년 11월 5일

지은이 박진영
펴낸이 고영성

책임편집 박유진 | **디자인** 이화연

펴낸곳 주식회사 상상스퀘어
출판등록 2021년 4월 29일 제2021-000079호
주소 경기 성남시 분당구 성남대로43번길 10, 하나EZ타워 3층 307호 상상스퀘어
팩스 02-6499-3031
이메일 publication@sangsangsquare.com
홈페이지 www.sangsangsquare-books.com

ISBN 979-11-94368-41-0 (03590)